U0007119

未來有前景的職涯發展是跨分類組合

更新你對職業分類的看法，找到最適合自己、展現自己優勢的工作領域

舊時代和現代的工作分類法

舊時代的工作分類法

現代的工作分類法

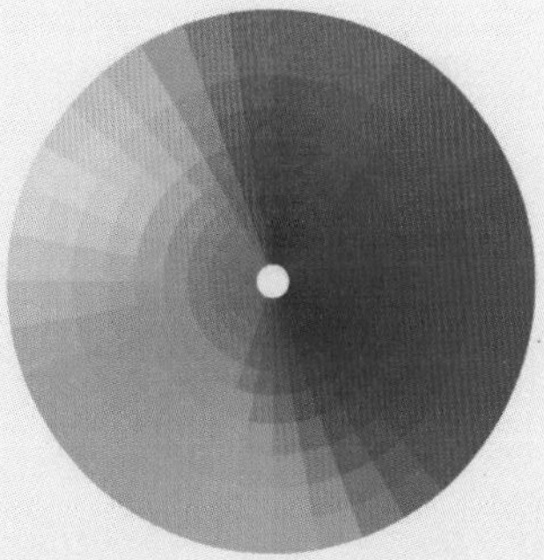

過去，我們的工作分類只有大分類，知識和技能大致上介於「偏向科學」和「偏向藝術」，在光譜（Spectrum）兩端的中間地帶分布開來，如上圖左，後來隨著時代演進，分類愈來愈多元化。未來的職涯發展（或專長領域）都有可能是跨學科的混合，而誕生出新型態的應用、作品、服務或思維，如上圖右。

工作的演變：以前，別人問我們父親是做什麼的，我們通常用兩到三個字就可以形容；但問我們是做什麼的，則需要一句話來形容；我們小孩將來做的事情，可能需要一段話來形容。例如某個人的父親可能是「攝影師」，兒子是「數位影像處理工程師」，孫子是「專門負責運用多維（multi-dimension）動態系統模擬技術，以協助動畫電影的全息（holographic）投影顯像系統最佳化的外部顧問」。

解方

經營人生最有效的方法，是從自己的熱情出發，因為那是內在原力的核心。先找出自己最有熱情的領域，然後檢視自己有哪些可用的專長或優勢。

→關於如何經營自己，可參閱第一章：一人公司

內在原力

9個設定活出最好的人生版本

INNER FORCE

The Key to Infinite Success

TMBA共同創辦人
《斜槓的50道難題》作者
愛瑞克
著

FOREWORD

具備內在原力，擁抱A⁺人生

楊斯棓──《人生路引》作者、醫師

標題的點子是怎麼來的呢？也許你會想到吉姆・柯林斯，但這個點子其實是來自曾任蘋果公關總監，現職為風險資本家的蓋伊・川崎（Guy Takeo Kawasaki）說過的一段話：「A咖玩家聘請A⁺玩家，也就是比自己強的同事。相反地，B咖玩家會聘用C咖人物。然後，C咖用D咖，D咖用E咖。長此以往，幾年後該公司只會有Z咖。」

我把蓋伊・川崎口中的A⁺咖定義得更嚴謹：格局比A咖大，重視利他遠遠大於利己者。

《內在原力》這本書的作者愛瑞克，以半生見聞深談了兩件事。

第一、如何在人生旅途中成為A⁺咖？（作者在四十二歲這一年成為一〇〇%的A⁺咖）

第二、成為A⁺咖後，如何在人生旅途中幫助其他人也成為A⁺咖？（作者在四十二歲之後，大舉幫助別人也擁有一個A⁺咖腦）

綜合作者跟我的定義：擁有「內在原力」並徹底發揮「內在原力」者，就是A⁺咖。

如果乍聽「內在原力」覺得難以理解，別擔心，本文及本書將不斷說明舉例，你會愈來愈清楚，日復一日踐行，就能成為A⁺咖。

成為A⁺咖，有幾個條件：

1　不造成社會負擔，不從社會掠奪資源，這只是最基本要求。

2　Be a giver，總是用行動撐住社會，或捐輸資源給社會。陳志金醫師、藝人賈永婕、作家張瀞仁都是很好的例子。

3　長期穩定的重複上述動作，A⁺咖的量級還會因此不斷提升。

作者愛瑞克正是一位超級A⁺咖，具備強大豐沛的「內在原力」。

他點出普通人各種思維模式，同時分享具備「內在原力」者會如何思考。普通人若接受建議，調整思維，改變作為，整體表現就會日益趨近擁有「內在原力」者。

普通人的思維是：領多少薪水，就做最低限度的事。我甚至聽過有人以自己長期在公司上大號為榮，把因此消耗公司水、電、衛生紙以及偷時間視為「賺到」；事實上，這樣的人只要換位思考自己若是老闆，願不願意聘請這種員工，應該就會即刻醒悟。

具備「內在原力」的貿易公司員工

而一個具備「內在原力」的年輕上班族，會怎麼做事？

有一位高中畢業的年輕人，去一間貿易公司應徵，他告訴老闆：「我不怕吃苦，什麼打雜的事都肯做，行之有年沒解決的問題，我都願意想辦法。」如果我們是老闆，聽了這段話應該半信半疑，因為「搥胸坎掛保證」，任誰都會。

這位年輕人因為要把公司的廣告、報價單以及產品目錄定期寄給國外客戶而得常跑郵局。當時他發現一件事：信件若超過二十公克，得多付錢。長期累積起來，可是好一大筆錢。過往別人視而不見的「問題」，他不但看見，還有所行動。

「他先到文具行找紙張，自己動手做信封，果然把重量控制在二十公克以下。接著他又想，該如何吸引國外客戶在眾多信件中拆開公司的信。捨棄過去省時方便蓋大宗郵件郵戳章的方式，他精心挑選青天白日滿地紅的郵票，一封信需要七元郵資，他還得分五元、二元貼兩次。加工完成，信封煥然一新，又幫公司省下一筆錢。」（引述鄭淳予、楊政諭先生報導）

這個人後來創辦了圓神出版社（集團），如果你聽過《原子習慣》的話，那本近年在台灣暢銷近三十萬本的書正是出自他們集團的方智出版社。他從年輕時做事有要領，總是發揮利他精神。譬如他調整信封大小，這沒有違反任何規定，也沒有讓任何人吃虧，還讓老闆省錢。他用醒目郵票取代戳章，增加國外客戶的拆信率，讓自己的公司有機會做更多生意。如果你是老闆，應該很清楚他的格局就是把自己當一人公司經營。了解他的人都會想跟他合作，日後擁有一片天，其實早可預見。

再舉職業駕駛為例，普通計程車司機的思維是：就賺你眼前這麼一趟。若然，這樣的司機很可能對短程旅客顯露不耐，因為乘客帶來的收益相對少。我曾跟《計程人生》一書作者，台灣大車隊副董李瓊淑一起直播互相介紹對方的書，我提及Uber登台後，所有短程旅客都可以放心叫車，以前我們搭傳統計程車如果坐短程，往往會被司機訓話：「坐那麼短，你不會走路喔！」副董用一句話影響很多駕駛：「短程你若服務得好，你怎麼知道客人下一趟長途會不會特別拜託你載？」

具備「內在原力設定」的司機，把自己當一間公司經營，會替客人想，會讓客人在旅程後衷心期待：「希望這位司機（這家公司）永遠在。」

「替客人想」並不是制式的問一堆類似「冷氣太熱太冷都可以講」的話，這種動作有時像小和尚念經，有口無心。

具備「內在原力」的專業駕駛

我舉一個「替客人想」的經典例子。

家父是洗腎病人，我一週有三天親自帶他往返洗腎中心。

有一次，我因為需要北上而叫了Uber前往台中高鐵站，來了一台車上有升降設備，可以直接把輪椅推上去的車型。聊了幾句後，不難發現駕駛個性穩重且健談，便跟他請教如果帶著家人推輪椅搭車，好像要撥打特殊電話預約，費用才會照跳表計算；如果是用一般app叫車，有些司機還會說搭車費用是跟著跳表加三百甚至更多之類的，各縣市都發生過零星糾紛。

這位駕駛和顏悅色地請我下載一款名為「愛．接送」的app，他跟我說：「從這個app預約車子，每個整點都有好幾個車行支援至少一台車，很有機會叫到車，費用就照跳錶不加價，如果有敬老愛心卡的話，每一趟車還可以折抵八十五元，如果搭短程跳錶顯示一百元的話，再付十五元就好。如果還有不清楚的話，歡迎隨時打我手機：0975-971-633，我姓周。」

這段互動經驗，我大為驚嘆，如果全台灣的司機都像他這樣主動替客人想（耐心解釋如何預約、不拒載短程、歡迎客人使用敬老愛心卡），哪還會有什麼消費者糾紛？這位周崢詠大哥，我不管短程、長程都想搭到他的車，即使因為我分享他的故事讓自己日後相對不容易叫到他的車，我都替他高興。不經意想起他的時候，我都會遙寄一份開車平安的祝福給他！

寫序到著書，交友滿天下

我幫上百本書寫過推薦序，剛著手寫第一篇的時候，我還在分叉路前抉擇自己的人生，寫到第七十五篇的時候，我的命運已經跟作者四十二歲時奏出一樣的樂章。

我願意幫很多人寫推薦序，正是帶著作者所提的「無限思維」，幫助別人的時候，我帶著祝福而非嫉妒之心看待那些年紀比我輕或比我出名的作者。

當我自己出書的時候，很多朋友主動推薦或大量購買我的書，幾個月內賣了十七刷。

但就像作者所提的「常保初心，以終為始」，我早在書籍上市的第一週內，就捐出六十四萬一千九百八十九元給七個基金會（所有收據都在捐款後即時公布在我的網站：楊斯棓醫師的咀嚼肌），這幾乎就是書出版半年後，紙本跟電子書版稅的總金額，旁人以為我預見未來，其實我只是抱著一顆赤子之心回饋社會。而書如果繼續再刷，我就保持我既定的行事風格：版稅一〇〇%捐出。

過去作序，加上完成《人生路引》一書，因此有緣跟愛瑞克結識；深深驚嘆，世上竟然有命運跟閱讀習慣都跟我如此近似之人，我視作者為大哥。本來這段文字我不好意思寫，因為讀到愛瑞克對我跟他的雷同也有所著墨，我才大方做上述陳述。

他引用肯・羅賓森爵士，我讀到這段內容時，正聽讀kindle上肯・羅賓森的書，因為我同時還購買audible上的有聲書，唸到哪裡，電子書上就會指示到哪裡，聽讀同步。

我一度相當苦惱，有些點頭之交對我開口要求幫忙，簡直可以用需索無度來形容；與人為善的愛瑞克解答了我的疑惑，他說我們該成為「懂得保護自我的給予者」。這句話給了我拒絕的勇氣，我們不需要讓自己被「黑洞人」情感綁架，只要我們不點頭，綁架就不會成！

我非常努力地不劇透，但又同時把愛瑞克這個人跟這本《內在原力》給介紹出場。

今年一月二十三號，愛瑞克邀請我跟洪瀞教授在台大集思會議中心聯合演講，我想引用兩位十歲聽眾，會後手寫心得內容中分別提到愛瑞克跟我的段落，幫我這篇推薦序作結。

「我覺得楊斯棓醫師很偉大，都把演講的錢捐出去（其實連版稅也都一〇〇%捐出去），我以後一定也要和楊斯棓醫生一樣做一個手心向下，很熱心助人的人。」

「我覺得愛瑞克說的對，人生就像走迷宮一樣會遇到很多很多的挫折與難題。大大小小的事情只要走對路，人生最後的夢想就會成真。」（最後一句我稍微調，讓文意更通順。）

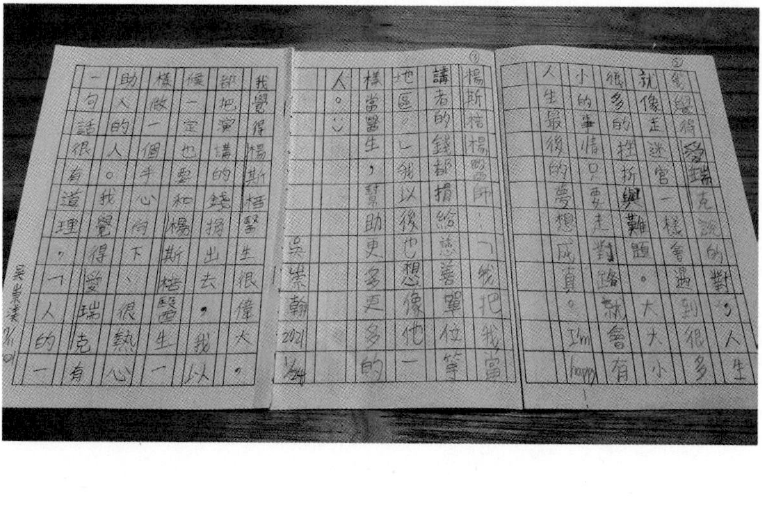

我覺得楊斯棓醫生很偉大，都把演講的錢捐出去，我以候一定也要和楊斯棓醫生一樣做一個手心向下、很熱心助人的人。我覺得愛瑞克有一句話很有道理，「人的一

楊斯棓醫師！「我把我當講者的錢都捐給慈善單位等地區。」我以後也想像他一樣當醫生，幫助更多更多的人。:)

吳崇翰 2021

覺得愛瑞克說的對，人生就像走迷宮一樣會遇到很多很多的挫折與難題。大大小小的事情只要走對路就會有人生最後的夢想成真。I'm happy

FOREWORD

參與《內在原力》的饗宴

洪瀞——《自己的力學》作者、成大副教授

一本好書能帶給我們鼓舞、知識與成長。更為重要的是，我們若能因為閱讀一本書而獲得了任何啟發，又或者因此迸發出了甚麼新的想法，那這樣的書就應該要推薦給大家。為此，我很推薦這本由愛瑞克撰寫的《內在原力》。這本書不但情感、圖文豐富好讀之外，我在閱讀作者的親身故事時，每每都覺得意有未盡，總讓我很想翻到下一頁，趕緊想知道作者是如何走過每個階段的。

比如說，作者在書中的一段分享了如何從摔斷手經驗中領悟出「沒有壞事」這四個字。感同身受作者的體悟後，除了不難理解作者為何會說「沒有壞事」之餘，你還會被作者的幽默感染到，也會欽佩他居然能學會用非慣用手，甚至是腳，來寫字。我想，生活中難免會遇到非常多的不如意事和沮喪，但我們或許可以像作者鼓勵的那樣，轉換個態度去用心體會所有的過程，尤其是那些令人沮喪的；在走過那一段後，你很有可能會獲得意想不到的收穫。

而在這本書裡，我印象最深的部分在於，作者談論他與父親變得更加親密的那一段。老實說，作者的這段故事讓我想起我與父親間的「接機默契」。遙想自己還在海外留學的那些年，有時一兩年才得以返台一趟，然而，每次只要我抵達台灣機場的時候，在那個太陽剛出來的時分（美東返台的班機通常是一大清早），我知道父親一定會在入境大廳等候我。接到我後，他總會很慈愛地問我：「肚子餓不餓，要不要帶你先到附近吃好吃的台式早餐。」在感動之餘，其實我最害怕的亦是看到歲月如何又在父親的臉上留下痕跡。相信讀者在閱讀愛瑞克訴說自己與父親間的回憶時，也一定會非常有感受的。

此外，我也非常喜歡作者在探討「成長型思維」的章節，適時地提醒讀者們，要結合正面思考和拉動的概念，以及要嘗試無償地去協助這個社會走向利他共好。作者讓我們相信共好和共善的思維會是一個突破自我成長的關鍵點——只要理解這個要點後，這樣的思維一定能幫助我們變成更好的自己。我們緊接著該思考的是，自己該如何將這樣的思維落實在我們的生活之中。

我很開心能藉由閱讀這本書更加認識作者的理念，從中我除了獲得許多不一樣的啟發外，也更加認識了共好共善的內在原力。誠摯地推薦這本好書給你。

FOREWORD

讓「開卷有益」變成現在進行式

宋怡慧——丹鳳高中圖書館主任、作家

大家看過文藝復興時期的大衛像嗎？它是卓越藝術家米開朗基羅的傑作。面對這樣跨世紀的神之作，米開朗基羅到底如何創作而出呢？藝術家給了眾人這樣玄妙的答案：「大衛像早就存在原來的大理石裡，他的工作充其量只是認真刨除，刨除包覆其外，不屬於大衛像的雜物。」多耐人尋味又饒富哲理的話語，任何美善動念都存於本心，只要不讓它蒙塵，你就能唾手可得。

說這個故事的起心，即是看完愛瑞克《內在原力》全書後的體悟與感觸。原來，我們所謂追求的「高效率」與「高效能」人生，最終仍要回歸內在原力，生命的本質，返璞歸真地要重返觀照內心聲音，察知真正需求，才有機會尋求到「我是誰」的真正答案。原來，我們才是自己忠於「原色」的生命雕塑師。

愛瑞克透過文字，剖析自我成長歷程裡，他如何勇敢地面對自己的怯懦，最後在心態設定與行動方案的渠道，找到「知」「行」合一的實踐之途。所謂「一千個讀者，一千個哈姆雷特。」若我們可從愛瑞克的某一句話、某個篇章，找到激勵自己，改變現況的訣竅，就能讓我們漸漸老去的生命，從中頓悟並累積智慧而茁壯；這就是閱讀的力量，也是作家送給我們最好的禮物。

當疫情籠罩全球之際，我們面對一個「疫起」的「戰疫」時代，居家防疫的時光，透過「以讀攻讀」的方式，《內在原力》開啟自我修練的關鍵。我們皆非完美無缺的，常受困於愛恨嗔癡的迷「網」，同時，人生並非事事圓滿，當內在開始有質感與力量，才能成為溫柔且清醒的人，即便無常逆襲，仍優雅地讓生活呈現正念的力量！愛瑞克提醒我們：因為挫折與困窘，讓我們對未知心懷敬畏，卻也因文字的暖度，讓生命增添詩意的氤氳，以文字佐流光，讓我們銘記且珍惜此刻的這些、那些。

時間是公平的，每個人都有二十四小時，卻也讓我們自己去汲取生命的精粹。像我這樣內向性格的人，面對機會常是膽怯且裹足不前；愛瑞克的文字讓我有方法可以奮勇追尋，面對人生議題，不再固著停滯，而是選擇跨越與重生。一如查爾斯・韓第（Charles Handy）說的：「我認為想與眾不同，你就得偶爾踏入一個全然陌生的世界，用全新的角度看事情，或是看見新事物。」愛瑞克九項內在原力的設定，讓內向者與外向者皆有不同的讀法，面對喧囂的世界，這本書會讓你的心是平安、平靜的。

陷在暗黑世界的人，需要的只是一絲微光的救贖。《內在原力》會是這道光，它不只喚醒心靈強大的力量，也能讓我們幡然活出幸福的模樣。失敗有時候是最好的老師，它讓我們學會謙卑、歸零以及同理他人的慈悲，更是無價的成長力量。謝謝愛瑞克，身為讀者的我，在其文字中感知歲月溫暖地祝福，更是走在寬容自信的旅程中，找到活得有趣、有品、有善的指引。面對難關，我們可以不再將就度日，只要找到開啟力量的萬用鑰匙，就能把生命過得講究，體現利他利己的真實快樂。愛瑞克說：感謝他的父親送給他兩個寶貴的人生禮物：良善的品格以及良好的學習環境。現在，我也要把這本書推薦給愛閱讀、善良的你們，一起讓「開卷有益」變成現在進行式吧！

FOREWORD

原力也許遲到，但從不缺席

歐陽立中——爆文學院創辦人

兩年前，有位讀者私訊給我，他說一直關注並分享我的文章，我們就這麼認識並聊開了。這位讀者也告訴我，每年他一定會做一件事，那就是「寒冬送暖」，他鼓勵大家捐款給弱勢兒童照護團體，只要你捐款達到指定金額，他會親筆寫一張賀卡，加贈一張特製書籤給你。

我那時覺得這讀者也太有意思了，我會分享作家的文章，卻很少去主動聯繫並讚美對方；我會偶爾捐款，卻未曾號召大家一起捐款，更別提親筆寫賀卡了。

故事還沒結束，就在半年前，這位讀者邀請我參加一場公益演講。是由他主辦，並和楊斯棓醫生、洪瀞教授輪流演講。我還記得，在台大集思會議中心，坐滿聽眾，以及好多作家朋友。我終於見到這位讀者，他在講台上演講，分享一套「人生演算法」，幫助大家如何過上幸福的人生。他時而激昂振奮、時而感性落淚。那場演講，我振筆疾書，記下滿滿的觀念，因為我沒想過，竟然有人可以把人生看得如此透澈。這是我聽過最精彩的演講之一！

當然，我知道，你可能會問還有機會聽到這場演講嗎？你很幸運，你現在手上讀到的這本《內在原力》，就是我那位讀者朋友寫的，內容正是當天演講「人生演算法」的完整豪華版。是的，原來我那位讀者朋友，名叫愛瑞克，身兼暢銷作家、投資顧問、演說家、慈善家等多重身分。

我不知道你認為什麼是成功的人生，但我發現很多人認知的成功人生是這樣的：考好學校、找好工作、賺很多錢、有房有車。最後也許他都做到了，可不知為什麼，內心卻一陣空虛。《內在原力》這本書，就是要告訴你，如何既能擁抱財富，也能讓幸福擁抱自己。

愛瑞克發現，「內在原力」是每個人與生俱來的，但往往因為「自私」而讓原力消失。比方認為領多少薪水辦多少事、想透過競爭擊敗對手、遇到壞事就抱怨歸咎別人等。但當自私主導你的人生演算法，慢慢地，你對工作倦怠、又處處樹敵、心裡充滿負能量。這樣的人生，是你想要的嗎？

那麼要如何召喚「內在原力」呢？愛瑞克給出九個關鍵設定，分別是：一人公司、三種工作、利他共贏、成功方程式、站對地方、無限思維、沒有壞事、包容力、常保初心。難的不是理解，而是行動和堅持。

我回想認識愛瑞克的一連串過程，驚覺他就是實踐「內在原力」。

首先，他明明已經是暢銷作家，卻主動結識並肯定我，這是「利他共贏」。他清楚明白：「**這個世界太大，大到絕對可以容得下任何人的成就，不用擠，不用搶。**」與其標榜自己、詆毀別人，不如一起把市場做大。所以你永遠可以看到愛瑞克，總是在網路上不斷分享別人的好書。

再來，他鼓勵捐款，親筆寫賀卡給大家，這是「三種工作」。因為他從韓第身上明白，人生除了有錢的工作之外，也要有「無償的工作」和「自我實現的工作」，才能在金錢、樂趣、意義取得平衡。除此之外，愛瑞克總是無償為很多人的職涯解惑，因為當他看著那些人的天賦，從沙漠變綠洲，那種成就感是再多錢都買不到的。

最後，我想起愛瑞克主辦公益演講，這是「站對地方」。他說：「**人生最高效能的運作方式，是讓自己成為人際網路的節點。**」回想那一天的活動，我和許多素昧平生的作家，因此有了見面聊天的機會。如果沒有愛瑞克的牽線，或許我們仍是沒有交集的平行線。

寫了這麼多，我想告訴你的是：「讀一本書，別只看作者學問有多好、理論有多深，而要看他是否言行一致。」我可以確定的是，愛瑞克始終貫徹「內在原力」，幫助無數人成為最好的自己！

對你來說，也許一開始並不容易。但別急，慢慢照著愛瑞克的指引去做。記住，原力也許遲到，但從不缺席！

FOREWORD

人生的局，原力有解

鄭俊德——台灣最大網路讀書社群「閱讀人」創辦人

當疫情來到，你的心情是慌張還是沉靜，如果是慌張的，那麼你擔心的是什麼呢？

是健康問題，怕被傳染到就必須停工影響生計。

是經濟問題，深怕公司撐不下去，連資遣費都不確定能不能付得出來。

是教育問題，小孩在家上課，要留一個大人在家，買電腦上課的錢又該如何而來？

從這幾個問題綜合來看，疫情來到，其實打擊最大的是沒有經濟安全額度的家庭。

台灣的人力銀行求職網在今年度的調查，發現三十九歲以下勞工平均存款只有十三萬，而這數字對應到疫情，如果遭遇停工或是失業，一般家庭假如固定五萬的支出，也僅能支撐二到三個月而已。

不過也有人分析是資產配置問題，主要都投入在房貸或是其他投資領域所以現金存款才少，但其實是這樣也是有隱憂的，危機時，房貸可能成為壓垮家庭的最後一根稻草，其他投資在緊急兌現時通常會被大打折扣，可能使長年的投資報酬全吐回去。

面對這樣的現象，是人們不努力嗎？我不這麼認為，我反而覺得就是太多努力，才沒有時間停下來好好釐清人生的局。

人生有哪些局呢？

工作的局，每天投入近八小時以上時間，也是收入主要的來源之一，但如果沒有破局而是死命地工作，那麼儘管待得再久，也可能是個朝九晚五的小職員，永遠升遷不上去，就如同有句話說：「有的人工作了三十年，有三十年的經驗，但有的人用一年的經驗工作了三十年。」而這當中的差別就在於是否看透工作這個局。

家庭的局，多數人工作努力賺取收入就是希望能提升家庭品質，並給家人好的生活環境，創造更好的夫妻與親子關係，但長時間埋首在工作，反而本末倒置，或許家庭條件好起來，但孩子或伴侶始終遇不到，因為到家後只能從他們熟睡的臉，去安慰自己他們幸福就好。

人際的局，為了結交人脈，去參加大大小小的聚會，試著交換一疊又一疊的名片，心想有了這些名片就等於握有商機，但隔了一段時日想談合作，對方卻以不認識不熟悉給了你軟釘子，因為沒有信任的關係，換來再多的名片也是毫無意義。

人生的局當然不只這些，更包括財務的局、愛情的局、健康的局……等等，但這些局都可以從這本書《內在原力：9個設定，活出最好的人生版本》找到破解的方法。

一個人的視野會決定他如何走出人生困境，但又該如何拉高自己的視野呢？

書中提到了很多很棒的觀點，例如用一人公司的思維就能破工作的局，不要把工作當工作，要把它當成人生的一份事業，而你是這份事業的老闆與主人，當以企業經營的觀點去看，你就會不太滿意，並會想盡辦法改善它，無論是軟體或是硬體。

利他共贏思維，就能破除人際的局，要建立別人的信任要先懂得貢獻，先去幫助別人，別人才會在信任的過程中認識你的能力，而慢慢地你會吸引別人願意來跟你合作並幫助你。過去你交換了眾多名片，但這些都不是人脈，而是當你能幫助到他，他也能幫助到你，這樣的利他共贏就能破人際的局。

書中提到三種工作：有金錢收入的、無償的、自我實現的「工作組合」獲得身心靈的平衡與滿足。如果工作是金錢收入來源，你期待與家人有好的關係，是你人生的自我實現，你就該每天把時間空下來，像對待工作一樣，認真對待跟家人在一起的時間，這將會是最感幸福的工作。

所以最後，如果你想沉靜面對任何可能到來的危機，你需要提早看透人生的局，而書中提到除了我簡單分享的一人公司、三種工作、利他共贏外，還包括了成功方程式、站對地方、無限思維、沒有壞事、包容力、常保初心等，每一個都能對應人生眾多困境難題。

願你好好熟讀《內在原力》讓它成為你人生破局的工具。

CONTENTS

（依來稿順序）

前言

獻給台大資訊管理學系謝清佳教授，以及已故的台大工商管理學系翁景民教授，感謝她（他）們鼓舞了許許多多的年輕學子們，走出谷底、迎向陽光。

我是TMBA共同創辦人。二〇〇一年以來至今無償地幫助各大學MBA學生為主的學子們，在踏入職場之前完成所需的品格養成訓練，好比電影《靈魂急轉彎》裡的「投胎先修班」；而我做的是幫助他（她）們建立良好的職場工作者心態，以及解答進入職場後所遇到的人生難題。幫助過的歷屆校友約三千人；但由於常年著作、演講，影響範圍也因此走出校園，達數萬人。

二〇二〇年暑假，我在TMBA的一場生涯經驗分享演講後，從「愛瑞克愛投資／也愛閱讀」粉絲頁收到了一則訊息，是來自一位學弟在聽完演講之後寫給我，訴說此刻處於人生困境，情緒低潮很久，問我是否可以給他一些建議？

我說可以。幾小時之後便收到他洋洋灑灑一千多字的信，主要描述自己人生已付出極大努力，希望改善家裡的經濟狀況並且回報他深愛的媽媽；然而，現實狀況是他並非就讀名校，連找實習都苦無機會，反觀其他同儕平時都在玩，卻能輕鬆獲得許多機會。兩相對比下，將來出社會已輸在起跑點，內心百感交集，常倍感壓力難以入眠，彷彿已到了憂鬱崩潰邊緣。我一看完信，覺得事態危急，決定馬上打電話給他。

「你認為自己目前最大的困境是什麼？」我問。

「很希望將來進投資銀行，但是現在一切都比不上台政大那些ＭＢＡ的同儕，讓我不斷猶豫已經讀了一年的碩士是否要放棄、重考？」他落寞地說。

「請在心裡想像你將來最嚮往的生活的場景，裡面有什麼？」我問。

「和家人一起快樂的生活，尤其陪伴媽媽。」他說。

「請問那個場景裡面，你是否一定要在投資銀行業工作才能實現？」我又問。

「好像不是一定。」他說。

「投資銀行業的人幾乎每天都加班到深夜，沒有周末，你這樣是否距離陪伴家人一起快樂生活的場景更遠了呢？你媽媽希望看到你為賺錢而這麼痛苦嗎？」我如此問。

「確實，媽媽沒有要我賺很多錢，只是我自己想的。」他似乎想通了。

我又花十幾分鐘分享自己之前遇到過和他相似困境的人生經歷，以及自己如何修改思維決策系統解決了這些問題。

ＴＭＢＡ的前身為台大管理學院研究生協會，二〇〇一年在台大商研所及財金所為主的一群同學們齊心努力合作之下，順利轉型為ＴＭＢＡ這個跨系所的校內社團。每年我受ＴＭＢＡ邀約以共同創辦人身分回台大進行無償的演講，主講內容除了分析當前的全球職涯發展趨勢，更重要的是把我人生中的最寶貴經歷濃縮成一小時的演講。

然而從每年大大小小的各種難題當中，我發現，儘管生活在同一世界、同一年代之中，阻擋我們前進的高牆卻迥然不同，每每撞得遍體鱗傷。我在想，有沒有一個共通的方法，可以幫人越過、繞過，或推倒這一道道高牆？

二十年來積累許多挽救瀕臨崩潰邊緣人的「救生」經驗，而我職務上，身兼專業講師的背景，在累計八百多場演講當中，面對林林總總獨特又不著邊際的問題，後來我發現，其實有一個系統化的方法可以從根本來解決——修改人生的演算法、啟動內在原力。

回溯這個體悟的源頭，要從二十多年前的一次對話說起。

原來，人生可以重設

我畢業於台大商學研究所；但入學的過程不順利，竟讓我因禍得福。過程中出現了人生當中最重大的一個轉捩點，至今深深地影響著我，以及受我影響的人。

我原本就讀台大資訊管理學系，在班上成績落在前三〇％，只比可申請甄試資訊管理學研究所的門檻好一些（通常前二五％一定會錄取，俗稱直升）；但我實在太想讀ＭＢＡ，因為我從許多人那邊聽到ＭＢＡ畢業生的起薪很高而且在職場上很吃香，讓我非常嚮往。因此我放棄了自己系所的直升，走了一條非常擁擠的台大商學研究所窄門。往年，幾乎只有台大各系前三名的人有機會甄試進入商研所。但我還是決定全力準備，希望能夠以豐富的社團經歷證明，加上很有說服力的兩位台大教授推薦函，補足課業成績不足，企盼該年度十四名錄取名額之中有我的一席之地。

一九九七年十月甄試結果公布：我落榜了！父親完全無法理解和原諒我為何屢屢不聽他的話，放棄台大資訊管理學研究所「現成」的機會，落得自己什麼都沒有？我沒有得到父親的原諒。於是有好幾個月的時間，壓力大到睡不著；每天晚上在男生宿舍的清晨三、四點左右，眾人皆睡我獨醒，只有在萬籟俱寂，伴隨著清晨乍有乍無的鳥叫聲中，才能入睡。

我的身體搞壞了，心理狀態更糟。直到向當時台大資訊管理學系的謝清佳教授求助，請她建議我該怎麼走出困境？謝教授是我進大學時的系主任，也是第一位我在台大遇見的教授；她曾有過抗癌成功的經驗，對生命必有不同體認，因此我主動找她求救。

我們碰面的時候，她略顯消瘦，但與我的臉色蒼白及嘴唇因長期失眠而多處裂痕流血相比，她看起來比我好太多了。

「為什麼你看起來如此痛苦？」她問。

「我很想進我理想中的上流社會，但是我盡了全力，似乎理想愈來愈遠。」我答。

「你將來的理想生活長怎樣？」她又問。

「和我心愛的太太及小孩一起在草地上野餐，度過悠閒的一天。」我說。

「要過那樣的生活是否一定要讀台大商研所？」她問了這個關鍵問題。

「好像不用。」我回答。

「上流社會存在人們心中。**心靈上的富有，才是眞正的上流**。拾荒者、清道夫，他們的內心可能比很多有錢人更上流。」她講出了這麼一段令我終身難忘的話語。

和她談完，我大哭，眼淚一直流。走出謝教授辦公室之後，距今二十三個年頭，她說的每一字一句都刻在我心底，至今難忘。那一天之後，我再也不抱怨任何人事物，因為我相信，任何的難題只要一個轉念，就可以繞道而行。原來，**轉念只是一瞬間的事情，而「境隨心轉」是眞的，轉個念頭人生就不一樣！**

四十二歲人生重獲職涯選擇權的我，開始做自己真正熱愛的事情；謝清佳教授幫助我轉念而重生的方法，是我的人生演算法從此改變的契機。在這個轉變的過程中，推著我不斷前行的還有一個關鍵問題：我想要成為什麼樣的人？

一個人的格局，決定結局

你的人生最終要成為什麼樣的一個人？這是個大哉問！**不過，一個人的格局，大大決定了最後的結局**。所謂格局，包含了人格素養、價值觀，以及為人處事的心態，不僅會決定你未來的路，也將大幅影響周遭的人事物。

在我大學三年級的時候，旁聽了一門由台大工商管理學系翁景民教授所開設的「消費者行為」課程。表訂下午兩點十分開始至五點結束；然而上午十一點多，教室門外就擠滿了等待的人群（同一間教室的上午時段是排其他系所的課程）。等什麼？中午十二點下課鐘響之後，等老師喊一聲「下課」，裡面的學生筆記本和鉛筆盒都還來不及收好，外面的人就衝進去搶占前幾排的位子！

翁教授的每一堂課都超級無敵有趣。他描述廣告案例之生動，常讓學生笑到肚子痛（而且是痛很久）；他甚至會跳到超過一公尺高的講桌上去表演，是個滿腔熱血的人。他有一句名言：「**期許十年、二十年以後，自己的一顰一笑能夠撼動全亞洲！**」當年，我就是為了這一句話，拚了命地想要考進台大商學研究所。

很遺憾地，在我進入台大商學研究所後，翁教授就被診斷出肺腺癌末期，在二○○二年四月辭世。翁教授在四十三年的人生歲月當中是否做到「自己的一顰一笑能夠撼動全亞洲」呢？

他一生幫助了無數的人。走在路上看到不幸的乞丐，會直接跪在地上為其禱告；學校裡有付不出學費與生活費的學生，他願意無償奉獻出八○%的薪水，幫助他們有受教育的機會。台大校園中，受其高尚品格薰陶的學子們，難以計算；儘管翁教授英年早逝，然而透過其潛移默化的影響力在之後的學子們身上顯現無遺，時至今日的影響力仍不斷在擴大。

二〇〇一年我在台大創立TMBA這個非營利組織，翁教授的那一句名言「期許十年、二十年以後，自己的一顰一笑能夠撼動全亞洲！」，是近二十年來我為學弟妹演講時最常引用的一句話。歷屆校友在商管、金融領域中不斷發光發熱，也散發著這樣的影響力。例如TMBA第六屆投資部長丁啟書，後來創立上海言起投資，成為了亞洲最知名私募基金之一，十多年來數次獲得中國大陸績效冠軍殊榮，成為極少數台灣人跨足兩岸而深具影響力的基金；其創辦人最常講的一句話，就是翁教授那句名言。

生命是恆常而持續的累積過程

圖0—1（參見038頁）是我回顧自己過去四十多年的歲月所觀察到的人生曲線圖，每每看似跌落谷底的困境，事後來看卻是攀向下一次高峰的基石。在面對每一次的重大挫折時，我透過轉念而讓自己重生。這些歷程和每一個關鍵時刻我心裡是如何想的，以及如何使用內在原力，將在本書的不同篇章一一描述。

在我七歲、十四歲、二十一歲時分別遭遇了人生重大的挫折，以及三十一歲遇到

圖0-1｜愛瑞克過去的人生曲線圖

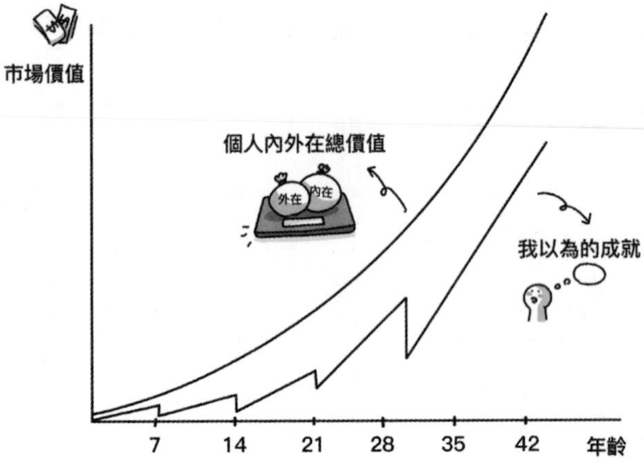

說明：「個人內外在總價值」＝「市場價值」＋「個人內在價值」。人們不應全憑市場價值去衡量一個人，每個人的存在都有其意義和價值，超越功利主義所能計算範圍。

金融海嘯，「我以為的成就」感覺大幅下降；然而，人生是恆常而持續的累積，並不會因為一次的失敗就讓自己的價值減損，每一次的失敗都會讓我們從中學習到新的經驗，進而累積更多價值。

一個人真正的內外在總價值，會隨著時間遞增（因為總經驗值不斷地累積）；此外，每個人與生俱來豐富的內在價值——包括帶給這個世界更圓滿、給人溫暖和快樂的能力，是無法用金錢量化的。每個人的存在本身就具有價值，這也是內在原力存在的原因。

我走過了青春期的叛逆不羈，到大學與研究所、軍中生涯、職場生涯、財務自由後退而不休的生涯，做出了許多重要決定（本書的時間軸大致是從現在往回溯到我小時候）；在二十一歲被台大謝清佳教授「點醒」，是人生關鍵轉捩點！自此，開始以「最終的我」（心靈上的富有狀態）來做各種決定，提高每一次的決策品質。

例如，面對轉職的抉擇時，我心裡想：「我的靈魂會想做哪一個工作？」更簡單的就是問自己：「做哪一個選擇，可以讓將來的我絕不後悔？」這樣的決策結果，真的極少讓我後悔（不一定都是最好的結果，但不會後悔）。從三十五歲開始，我走出了一條幾乎沒有悔恨的人生。

修改人生演算法，可將內在原力發揮到最大

《牧羊少年奇幻之旅》書中有一句經典名言：「當你真心渴望某樣東西時，整個宇宙都會聯合起來幫助你。」事實上，**四十多年來的人生體驗讓我知道，人和人之間有一種連結力，伸出援手的並不是宇宙或上帝，而是透過許多人共同來出力，關鍵在於**

發揮「內在原力」去促成行動。

「內在原力」這個詞來自於我喜歡的《星際大戰》系列電影；當中所謂的「原力」就在我們周遭無所不在，是自然界中所有生物共同創造的一個能量場，但只有懂得運用它的「絕地武士」才能動用原力。

我在本書中提到的**「內在原力」是指一種影響力，透過有形（例如文字或肢體溝通）或無形（同理心或慈悲心）的方式來引發他人動機，進而幫助我們一同完成某些事情**。

比如說，人權運動領袖金恩博士、德蕾莎修女、印度聖雄甘地，就是發揮內在原力的最佳典範。我們很難從身形外表看出他（她）們有何不同，然而卻各自在一生當中影響了全世界數以億計的人，究竟他（她）們強大的力量從何而來？就是內在原力。

內在原力並不像電影裡面那種虛構的原力，可以隔空把大石頭舉起來；但是我們可以告訴身旁路過的人說：「我的家人被困在裡面了，可不可以幫我一起將石頭搬開？」沒有人會拒絕，因為**惻隱之心、慈悲心和同理心是真真實實存在每一個人的靈魂之中**。甚至不用透過語言或文字，光是透露出焦急與難過之情，指向堵住山洞的石頭，他人就會一起過來合力將石頭搬開；而且每一個人都相信，將來他們需要被幫助時，他人也願意這麼做。

以科學來說，內在原力是編寫在人類演化至今的DNA上，人類的祖先從古非洲草原上透過群居的方式，團結合作而生存下來的生物本能之一。**每一個人在潛意識中都有與人連結的需求、對歸屬感的渴望，但必須透過喚醒的方式，才能夠從潛意識層拉升至意識層，進而採取行動**。本書就是要指導如何透過具體、有效的方法，來喚醒人們的內在原力。

二〇二一年一月二十三日週六早上，我與《人生路引》暢銷作家楊斯棓醫師（他是金石堂二〇二〇年度風雲人物）、《自己的力學》暢銷作家洪瀞教授，一起在台大TMBA集思會議中心國際會議廳發表以「為你引路，從優秀到卓越」為主題的公益演講。

我用五十多分鐘解說完「修改人生演算法」時，台下聽眾回以滿場的掌聲，座席旁的洪瀞教授大聲讚揚：「**這是我聽過最棒的一場演講！**」而同樣列席的知名暢銷作家歐陽立中則說：「**列為此生必聽演講！**」活動後該演講影片分享在我的臉書上，

圖0-2｜令許多人感動的「修改人生演算法」演講

影片網址 https://youtu.be/CBMEKIVshpg

愛瑞克二〇二一年一月二十三日，在台大集思會議中心發表「修改人生演算法」的演講，說明如何透過重設心態，進而活出更好的人生。

兩週之內就獲得將近五萬次主動觀看、一千多人的轉發分享。

這場演講的重點就是「心態」（mindset），也就是心智（mind）的設定（set），設定值不同，就會做出不同的判斷和決定。**人們的心態決定了選擇，選擇決定了行爲，行爲成爲習慣，習慣則形塑成了每個人的一生所呈現的樣子。**

二十年來，不斷為了幫助人們解決人生問題，過程也鞭策我必須不斷請教各領域的專業人士，並且大量研讀經典，歸納出只要修改我們心態的某些設定，就能強化內在原力，因而使得人生發揮出極大效益。這些方法背後的原理，主要來自腦神經科學家與心理學家們的研究，後來逐漸被第一線的臨床心理師以及各行業的成功人士運用，而最新的大數據統計資料驗證了許多成功者也有類似的設定。

人們一生的路徑，就是由大大小小的選擇所構成，**我們的決策品質，決定了人生品質**。在腦神經迴路當中，做出某些能夠發揮內在原力的選擇，每一次微小的差異都會累積，經過長時間的複利效果，最終差異會大到平凡人遠遠不能及的境地，走出一條截然不同的人生路徑！

如何運用本書？

下表羅列本書九項能夠發揮內在原力的心態設定，並與普通人常見的心態做比較，以幫助理解其差異。各項彼此獨立，沒有先後次序，只需要針對其中任何一項設定到自己心態中，並在日常生活加以落實運用，幾個月內就會感覺到差異；若能針對愈多的項目同時進行，所發揮出來的內在原力就愈加強大。

普通人的心態和發揮內在原力者有什麼不同？

普通人常見設定	發揮內在原力的設定
領多少薪水做多少事情	**一人公司：**像一家公司那樣經營自己、爲自己人生負全責
找一份有金錢收入的工作	**三種工作：** 有金錢收入的 、無償的、自我實現的「工作組合」獲得身心靈的平衡與滿足
自顧不暇，行有餘力再開始利他	**利他共贏：**利他的比重隨著年齡遞增，吸引更多人來幫助自己
多聽他人的意見	**成功方程式：**網路新世代需多加防護罩，能在獨處當中保持高度專注
市場熱門什麼，就參與什麼	**站對地方：**人際網路放大成果的效益，善用網路節點來擴散影響力
認爲資源有限，必須競爭	**無限思維：**生命是長期而持續的累積，超越自己比戰勝他人更重要
遇到壞事自認倒楣	**沒有壞事：**找出壞事背後隱藏的好事，將逆境轉化爲成長的養分
在他人身上貼標籤以化繁爲簡	**包容力：** 開啓無限力量的萬用鑰匙，透過感謝心來取得他人的助力
先做再說（Do，Have，Be）	**常保初心：**以終爲始（Be，Do，Have）

愛瑞克的閱讀粉專

雖然皆為心態設定，前五項較偏向對外，後四項較偏向自心修練，因此對於外向者來說，從第一章開始順著往後讀，較容易得心應手；內向者適合從第九章開始往前讀，共鳴度高。以上皆有助於「內聖而外王」的成功，對一生的影響不僅巨大，而且長長久久。

各章的結尾都有「心態設定」：幫助你快速回顧該章內容，並且透過比較表，加深理解。「行動方案」：從做中學，也可以在閱讀每一章之前，先看過行動方案，更容易在學習之前了解，該章內容將幫助你學會哪些具體實用的方法。

本書最後的「附錄一」、「附錄二」：與各章內容相關的著作，建議你可以找時間進一步延伸閱讀。「附錄三」：各章金句總覽，在讀完每一章之後，可以透過這些金句回顧該章重點、強化印象；也可以從中挑出最喜愛的金句，印出或寫在常見的地方，提醒自己從日常生活中持續實踐。

由衷盼望透過本書的幫助，啟動你的內在原力，發揮人生百倍效益！

第 1 章

一人公司

•像一家公司那樣經營自己•

獻給我的父親，感謝他給了我人生中最寶貴的禮物：愛、良善的品格，以及良好的學習環境。

因為工作的緣故，我講過八百多場二十人至七百人的中大型演講，也因此累積見過好幾萬個聽眾。我的演講大致分為三種類型：第一種是針對銀行的高資產客戶談退休理財，是我最喜歡的一種，因為頻率相近；第二種是為數最多的，提供銀行的財務顧問們國際金融市場分析與判斷；第三種則是教一般民眾如何投資理財。

以上三種演講的聽眾截然不同。銀行高資產客戶的場次都是辦在平日下午，享受五星級飯店的下午茶。參加者以四十歲到六十歲的女性聽眾居多，通常是中小企業的老闆娘，或者是擁有自己事業的女性，壯年男性聽眾則較少，因為普遍都仍忙著為事業打拚。有一次，我遇到一位四十多歲的男性貴賓，他曾經在房地產業打滾，很懂得識人之道；私下聊天時，他遠遠指著現場幾位貴婦跟我說：「她們外表看起來就是『有在經營』！」指的是那些可以比同年齡女性更早享受生活的人，多半有在經營自己的形象，總是呈現出優雅、有魅力的狀態。

《寄生上流》這部電影，榮獲二〇二〇年第九十二屆奧斯卡金像獎最佳原創劇本、最佳導演、最佳外語以及最佳影片四項大獎。南韓導演奉俊昊以黑色幽默手法，詮釋殘酷的社會階級差異。片中有一句經典對白，窮人媽媽說：「有錢，我也會很善良。」

這是一般社會中低階層者的誤區，以為必須要有錢才有能力和餘裕去展現善良；事實上，**缺乏善良品格的人在無形中讓高素質的人逐漸遠離自己，最後失去翻身的機會**。

許多人倒果為因，認為先要有錢，才能好好裝扮自己而顯現出優雅和魅力。事實上，懂得運用內在原力的人，隨時讓自己保持優質的形象（最簡單的就是大量閱讀，腹有詩書氣自華），因此能夠左右逢源、廣結善緣，而擁有不斷對更多人散發影響力的機會。**讀書，記得住的變成知識，記不住的變成氣質。要能夠讓貴人賞識，必須自己平時多累積好的素養和底蘊**。

《寄生上流》電影中的窮人爸爸則說：「你知道什麼計畫絕不會失敗？就是沒有計畫。**人不該有計畫，因為人生永遠不會照著計畫進行。**」這是另一大誤區！

一般人和一家公司兩者間最大的差異是什麼呢？就是一般人隨興過日子，缺乏自律。一家公司會有人事薪資成本、辦公室租金、水電等管銷費用，所以不可能沒有縝密計畫還能繼續長久存活。事實上，一家公司不僅有財務報表，更需要年度計畫、以及使命宣言（mission statement）。

每一家大型公司一定都有屬於自己的使命宣言，通常在官網上的公司簡介開頭就看得到。使命宣言或稱為「**願景**」，往往是在公司創立之初就已經明確定義，也就是「以終為始」的實踐。

每個人來到這個世間，都有自己的使命和旅程，因此，並不是一定要講出來會讓大家起立鼓掌的才能當作使命宣言。一般人若能以「改善家庭」或「把人生活得最無憾」為願景，不斷重複精進自己的長處，同樣可以造福另一小群人，從中獲得快樂與意義。不要以為自己只是個凡人，就不需要願景，放任自己渾渾噩噩過了一生，到後來才驚覺，沒留下什麼好的回憶陪伴自己走過人生晚期而深深遺憾。

像經營一家公司那樣經營自己

許多人到了四十、五十歲覺得沒有成就，是因為從沒以經營一家公司那樣的思維認真經營自己，或者空有技術卻沒有其他配套的能力來壯大自己。

我父親在我小時候經營一家鋁業工廠，因此我從小就從父親和他許多創業家朋友們那邊耳濡目染，觀察到一些共通的特點。例如他們為自己人生負全責，而且對自我要求甚高，超過一家公司的股東們對經營者的要求，也因此，他們的事業蒸蒸日上。遺憾的是，在一九八〇年代鋁製的網球拍及羽毛球拍轉為碳纖維材質規格之後，鋁球拍的供應鏈在短短幾年內全部消失殆盡，父親也因此關閉工廠、遣散員工，只能靠過去所累積的人脈作一些商業買賣。

在我就讀大學的時候，是我家裡財務最吃緊的時期。我必須靠半工半讀、兼家教，才能支應自己在台北的生活所需。從「人生財務長」的角度來看，我對自己發出了一個嚴重警訊：如果不趕緊靠自己找到收入來源，我將陷入財務困境，這也使我因此踏出「求職與謀生」的第一步。

當時，我以「人生執行長」的角度來評估如何經營自己，發現我過去只會讀書，什麼專長、技能都沒有！好在，我考上的是台大資訊管理學系，正學會使用電腦以及撰寫程式。於是，自己扮演「人生行銷長」的角色，做出一頁A4看起來像樣的個人簡歷，主動去找各地區的「宏碁資訊廣場」分店洽談，希望能夠讓我當電腦班兼職講師，教學生如何使用Office應用軟體；同時，我用電腦印製許多張「到府家教」的廣告，到方圓五公里以內好幾棟的公寓大樓去張貼布告欄。

我接觸了四家「宏碁資訊廣場」，其中有兩家雇用我；我也去接觸近百棟的公寓大樓，多半被社區管理員拒絕；但有二十多棟願意讓我張貼在社區公布欄。我因此找到六個需要家教的學生，完全沒有透過他人介紹，全憑「人生行銷長」的概念找到學生。

但問題來了，家教需求多半集中在學生們暑假。短短兩個月內要同時教這麼多不同地方的學生，就必須要排程，才能夠讓時間運用效率達到最佳化。我自己擔任「人生營運長」，不斷與各方溝通、調整時段，以錯開並銜接彼此時間，終於完成了排程最佳化的任務。在大一升大二的暑假，我靠兼職電腦班和家教，賺了十多萬元，夠我在台北生活一整年。隔年，我也比照辦理。

此外，為了擴大自己能力範圍，我也扮演了「人生技術長」的角色；在大一升大二暑假，主動找在學校社團當中認識的日文系朋友「交換專長」，我教他如何使用電腦（當時是一九九五年，會用微軟Office軟體的人還很少），他教我日文。後來幾年我也透過這種方式來學英文。**不用花錢的「專長互換」方式可以在教別人的過程當中精進自己，對學生而言是一種低成本而高效益的方法**。

上述的經歷，讓我發現一個非常重要的原理：唯有自己真心全意為人生成敗負上所有責任，竭盡所能讓使命必達，他人才會全然相信我們——不會中途而廢，不會打混摸魚、不會找理由推託、不會抱怨工作或老闆、不會將過錯怪在他人身上——也因此能夠獲得最大的信賴感，願意把機會優先給予我們。**全然爲自己人生負責的意念愈強，也就愈能夠吸引他人將他們的資源放在我們身上爲我們所用，意念——就是內在原力散發的關鍵**。

在我理解了「全然負責」的意念所產生的強大力量之後，我從此停止任何抱怨。沒有人想親近一個整天抱怨的人，那不僅浪費彼此時間，更會讓周遭充滿烏煙瘴氣，讓所有美好的事情以及高成就人士以光速遠離。**遇到任何不愉快的事情，高成就人士一律只做以下兩種選擇其中一種：接受它，或改變它**，絕對不會浪費時間抱怨。

成立一個菁英團隊是成功的捷徑，也是將「一人公司」延伸為「一流團隊」的具體實踐。在我就讀台大商研所期間，主動尋找台大財金所的朋友們一同創立TMBA，並且設立TMBA基金一起進行投資，共同推廣這個學習交流平台，達到專長互補與個人能力提升之目的。由於這個意念強大，最後讓數十位同學一起出資參與創立；隨後幾年，來自更多不同校系的同學持續加入，使得TMBA平台上能夠學到的知識和能力也因此更加多元。

內在原力發揮效用，往往是先透過展現個人才華來吸引他人，進而相互碰撞、激發出更大的能量，又進一步吸引更多的人靠近；如此不斷擴大影響力、凝聚更多的資源可供運用。TMBA就是一個由菁英團隊負責營運的非營利組織。近幾年招生人數屢屢突破三百多人，每年開設二十多種實務課程，營運的現金流量以及管理的資產規模堪稱全台灣大專院校社團之最大量級，從中培育出多位創業家和高階專業經理人。

不要覺得自己「不夠格」成立或加入一個菁英團隊，因為**我們不需要和他人一樣，相反地，要和他人不一樣**。例如若自己英文和數學很差、人際溝通能力不好，但你的專長是電腦和寫程式，可能是一個團隊不可或缺的核心技術，少了你，團隊就無法運作。重點是你想如何經營自己的人生、想成為怎樣的人？

「以終為始」的決策方法，將內在原力有效放大

「一人公司」的起點，是你將來想要成為什麼樣的人，那是內在原力的核心，也是對外發揮影響力的起點。讓人生充分發揮最佳效能的方法是《與成功有約》書中「以終為始」的概念。以「最終的你」來看，從今天起要成為「那樣的你」的過程中，你會做的所有決定與行動。

瑞・達利歐（Ray Dalio）在《成功的原則》繪本中，以充滿了分支的河流圖來呈現一個人在一生中會遇到大大小小的事，而人們所做的決策品質將決定人生的品質。如果我們從圖1—1（參見056、057頁）由左往右看，常常會陷入不知如何抉擇的困境，但若自己清楚知道將來想成為什麼樣的人，就不會浪費許多時間去走不屬於我們該走的路。

時間是比金錢更寶貴的資產，而專注力又比時間更寶貴。專注在哪裡，力量就在那裡，當專注在「最終的自己」，那麼人生當中所有的資源就會自動凝聚、整合起來，

圖1-1｜人們所做的決策品質將決定人生的品質

插畫：「小草屋」蔡嘉慧

圖1-2｜「Be，Do，Have」的信念系統

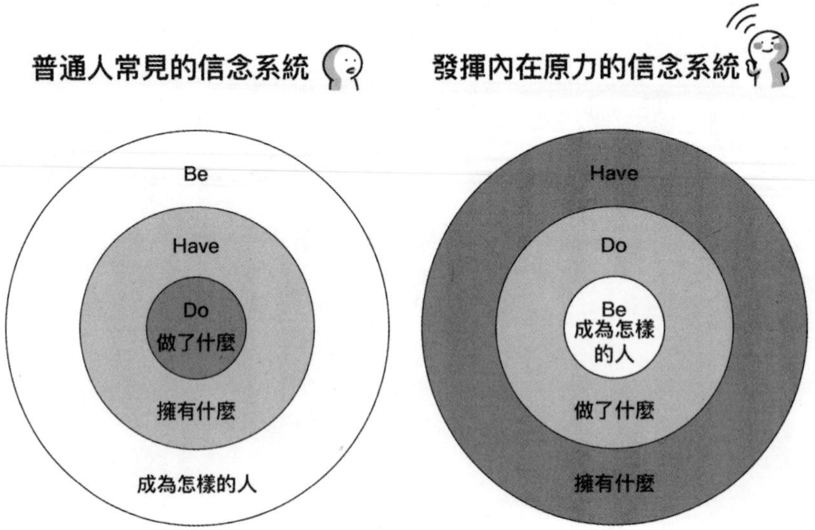

而不是發散的狀態。

「以終為始」的威力相當強大，當今許多頂尖成功人士皆以此思維模式來成就自己。查理・蒙格（Charles Thomas Munger）是一位普世智者也是全世界頂尖富豪。他在二〇〇七年對南加州大學畢業生演講時說：「**要得到你想要的東西，最可靠的方法，是讓自己配得上擁有它**。」這樣的信念系統簡稱為「Be，Do，Have」，和大多數人先做了再說的「Do，Have，Be」明顯不同。「Be」是一切的開頭，也就是讓自己先以「將來要成為的

人」那樣的心態來做任何的選擇、判斷以及作為；這是確保將來可以成為那樣的人、擁有想要的東西最可靠的方式。

在我生命的不同階段，同儕都曾好奇地問我類似問題：「你的高情商（EQ）和超齡的豁達人生觀來自於哪裡？」通常我會說，透過閱讀，將成功者的心態記在心裡；每當遇到事情而不知該如何抉擇，我就自問：「若我是查理・蒙格，會怎麼做？」或「金恩博士、德蕾莎修女會怎麼選擇？」以那樣心態來面對所有難題。這樣的決策結果，很少令我失望。

懂得經營自己的人，都是熱愛閱讀者

一個人最終成就的高低，大幅取決於格局的大小；而父母親扮演了關鍵角色。**父母給孩子最好的禮物，是愛、良善的品格，以及良好的學習環境**。我由衷感激睿智的父親，給了這些最好的禮物伴我一生受用無盡。我從小熱愛閱讀。近年來每年速讀超過一千本書；每天若沒有去誠品書店，那麼就會去金石堂書店，把所有各類新書區的書逐一拿起來速讀過一遍，比書店的店員更清楚知道每一本新書放在哪裡。因為店員是輪值者，我是全職閱讀者。

從小家裡就有一個書房，是設計給全家五個人共用使用。但父親忙於經營工廠幾乎不會出現在書房裡；母親只有小學畢業學歷，早婚的她，在二十歲時，我的大哥就呱呱落地，過幾年我的姐姐和我也陸續來到這個繽紛的世界，母親為操持家務以及為全工廠的員工料理午飯，根本沒有時間看書。哥哥姊姊交友廣闊，多半時間在外面跑。於是我獨享了專屬書房長達二十多年，對於養成深度專注力幫助極大。

書房裡有一整面的書櫃，裡面放著一整排的兒童百科全書、科學實驗圖文書，還有《聖經》、《金剛經》，以及由蔡志忠所繪《莊子》和《世說新語》有關的漫畫，還有《王永慶奮鬥史》等與企業經營管理相關的書籍。小時候，我不知道這些毫無相關的書怎麼會出現在家裡的書房，但後來漸漸明白，**所有出現在我們人生當中的人事物都有意義，關鍵在於是否有足夠的智慧找出意義（或賦予它意義）**，甚至把這些人生中的點點滴滴串起來。能夠愈早串起人生路徑並賦予意義，就是找到自己的「**天命**」（第四章會進一步細談），內在原力將獲得聚焦、對外持續放大，足以影響這世界許多人。

當今各行各業的成功人士普遍都有熱愛閱讀的習慣；無論是微軟創辦人比爾・蓋茲（Bill Gates）、股神巴菲特與他亦師亦友的蒙格、特斯拉創辦人伊隆・馬斯克（Elon Musk）、台積電創辦人張忠謀，他們每天都花幾個小時廣泛閱讀不同領域的書籍。

「我們的重複行為造就了我們，所以卓越不是一種行為，而是一種習慣。」
（We are what we repeatedly do. Excellence, then, is not an act but a habit.）

——古希臘哲人　亞里斯多德

你可以儘早養成閱讀的習慣，並且觀察自己心中所認同的人喜歡做什麼，從今天開始做和他們同樣的事情。若實在不知道自己將來要成為什麼樣子，那就透過大量的閱讀去尋找，總有一本書在等著你，你閱讀之後人生自此不同，那樣的一本書就稱為「命定之書」。

我常說：「**閱讀是靈魂的混血**。」儘管我們無法決定自己的出身，但絕對可以選擇要閱讀哪些作者寫的作品。**透過閱讀，與他們的靈魂對話，讓我們思維與靈魂的頻**

率更接近這些人，就是改變自身內在品質、提升內在原力的捷徑。

找到自己內在原力的核心、光芒的源頭

在大量閱讀成功者傳記後，我發現這些人幾乎都不是「富二代」，最有可能的原因是他們在舊時代的環境中時勢造英雄。或許九〇後的年輕人覺得各行各業都已有大企業霸占市場，這世界留給他們的創業空間彷彿變小了、機會更少了；但，這是真確的嗎？

在網路科技與行動通訊高度先進又普及的現代，一個人就可以是「自媒體」，人人都可以向這個世界發聲；但也因為太多人同時發聲，整個世界充滿了雜音，所以一般素人被關注的機率降低了。這是一個人人有機會，但是資源更集中到少數贏家的時代。面對這樣的挑戰，我們如何找到安身立命之處？

一九八二年諾貝爾文學獎得主馬奎斯（Gabriel García Márquez）在《百年孤寂》當中有一句：「這世界太新，很多事物還沒有名字，必須用手指頭伸手去指。」當

然這是小說裡的世界，然而卻是真實世界裡諸多領域最好的隱喻。

早期各領域的行業類別並不算太多，所以只有大分類，現在則是細分到非常專精而細緻的個別行業。**別人問我們父親是做什麼的，我們通常用兩到三個字就可以形容；但問我們是做什麼的，則需要一句話來形容；我們小孩將來做的事情，可能需要一段話來形容**。例如某個人的父親可能是「攝影師」，兒子是「數位影像處理工程師」，孫子是「專門負責運用多維（multi-dimension）動態系統模擬技術，以協助動畫電影的全息（holographic）投影顯像系統最佳化的外部顧問」。

英國小說家暨劇作家毛姆（William Somerset Maugham）在《月亮與六便士》當中寫道：「上帝的磨盤轉動很慢，但是卻磨得很細。」這個世界的工作和職務發展也是，緩慢而漸進的往分工更專業、更精緻且多彩繽紛的方向發散開來，這就是新世代的機會所在！

在數千年前，人類所有的知識和技能大致上介於「偏向科學」和「偏向藝術」，在光譜（Spectrum）兩端的中間地帶分布開來，後來隨著時代演進，分類愈來愈多元化，如果正中心是涵蓋萬物的一個原點，那麼從原點往外發散開來的各個方向，具有不同

圖1-3｜舊時代和現代的工作分類法示意圖

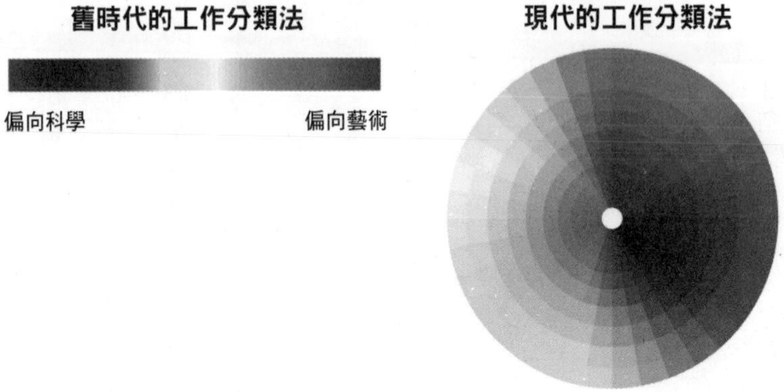

色彩、濃厚淡薄、光度明暗的多重混和搭配。這個世界是多彩、無限的，無論是二分法、幾分法都無法完美地詮釋它。

我認爲未來的職涯發展（或專長領域），都有可能是跨學科的混合，而誕生出新型態的應用、作品、服務或思維。如同宇宙一樣是立體的，甚至超越三維空間（目前量子物理學的最新發展，包括超弦理論、M理論，認為宇宙分別要用十維、十一維去衡量），是無限延伸而且持續在膨脹的。在三度空間中，只要給定一個X、Y、Z的立體座標，就可以定位一個獨一無二的位置。無論X、Y、Z代表的是藝術、科學、語言學、數學、哲學、神學、玄學、人工智慧學、星際溝通學，或其他屬性都可以比照辦理。

十多年後，當人工智慧與機器人大量運用在工作現場，或許有些工作會消失，但是更多新的職業和需求會冒出來。**經營人生最有效的方法，是從自己的熱情出發，因爲那是內在原力的核心**，先找出自己最有熱情的領域，然後檢視自己有哪些可用的專長或優勢。

例如我有興趣的領域是投資理財、教育文化，而我具備的專長是寫作、演講、對數學的敏銳、以及英文能力；於是，在上述元素的交集之下，便得到了我目前從事的三種工作：投資理財作家、投資圈內的專業講師、TMBA知識交流平台上的教育者。

歷史的磨盤轉動很慢，把這世界的分工磨得很細，細到我們絕對可以找到屬於自己的一個位子，在那裡安身立命。只要我們掌握自己的熱情，從那個起點開始對外散發影響力，內在原力就會在周遭具有相同熱情者的擁簇與推波助瀾下，隨著時間持續放大，恢弘壯闊的人生將無限開展。

浩瀚的宇宙帶給職場工作者什麼啟發？

你知道嗎？根據科學家們透過不同的方式推演與測量，證實了整個宇宙是不斷在擴張的，簡稱宇宙膨脹，而且膨脹的速度持續地加快。宇宙的起源是一百三十七億多年前發生「大霹靂」，從一個質量和能量無窮大的中心（有如【圖1－3】光譜圓盤的正中心，一切有色光皆源自白光），爆發成為布滿整個宇宙的碎片、塵埃、原子以及能量（合起來僅占宇宙總質量五％，還有其他九五％屬於未知的暗物質和暗能量），隨著時間經過，有些物質和能量逐漸凝聚成為星球。

二〇一四年上映的《星際效應》這一部科幻冒險電影，背後的科學顧問為鼎鼎大名的基普．索恩（Kip Thorne），是二〇一七年諾貝爾物理學獎得主。在他二〇一四年發表的《星際效應》同名著作，書中提到可見宇宙（the visible universe）包含數量超過一兆以上如「銀河系」這樣的星系，最大型的星系包含了好幾兆顆恆星，而最小的星系內也有千萬顆恆星，整個宇宙的恆星總數，初估約在十的二十二次方，這都還不含地球這樣的行星，或月亮這種地球專屬的衛星。

遍布整個宇宙當中的恆星，有如恆河沙，如果要分配給地球上每一個人的話，目前七十八億人口每個人可以分到十的十次方以上，也就是一百多億顆恆星。若每個人要為自己負責的恆星去命名，光這件事，我們不眠不休忙一輩子都忙不完。（本書後面章節還會提到黑洞，也不算在上述恆星群中。）

這給了我們什麼啟示？**這個世界太大，大到絕對可以容得下任何人的成就，不用擠、不用搶**。在宇宙中，只要夠閃亮，就會被人們看見，就可以被命名，而且在歷史當中永恆地記錄下來。在廣大的職場當中，就算你只是在一家企業當中的一顆小螺絲釘，也要時時惕勵自己拿出最極致的表現，持續穩定地發光發熱，夠亮就會被人看見，這個世界的資訊流通很快、無遠弗屆，有能力的人永遠不怕沒有舞台！

如果你現在還是自己一個人，別徬徨，所有的偉大事業都是從一個人開始的，你並不孤單；如果你已經想清楚自己要成為怎樣的一個人，那麼就全然為自己的人生負責，持續透過你的熱情去啟動內在原力，對這個宇宙散發出你的影響力吧。

普通人常見設定	發揮內在原力的設定
先做再說 （Do，Have，Be）	以終爲始 （Be，Do，Have）
憑自己的喜好 去找一份工作	用經營一家公司的角度來 執掌自己生命規劃
靠自己努力去實現目標	擁有願景、全力以赴，因 而吸引志同道合的夥伴一 同合作

行動清單

1 寫下自己的使命宣言或願景，並且列出自己最具熱情的領域，拿給另一半或最要好的朋友看，請他（她）們幫助你實現你的人生使命。如果被潑冷水，那麼可以寫給我，在我能力範圍之內我很樂意幫忙。

2

列出自己能夠教他人什麼樣的主題，並且尋找機會去教其他人你懂而他們不懂的東西，藉此建立無形的團隊默契和人際之間的口碑。無論我們是否能夠在他人成就之後而獲得好處，重點在於幫助他人的過程當中我們也精進了自己的能力。

第 2 章

三種工作

・人生可長可久的工作組合・

獻給我的好友楊斯棓醫師，感謝你為提倡環保而自費演講兩百二十二場，喚醒了許多人的公民思辨力量。

洪蘭教授在《該怎麼成就你的人生》書中談到，有一位工友阿姨和她一起在學校做了二十年的志工，那位阿姨滿七十歲的時候，大家為她舉辦慶生，席間有人問她為何這麼有恆心可以做如此久的志工？她雖然沒回答，但洪蘭知道並寫在書中。

那位工友阿姨小學第一名畢業，但因為家裡窮困而無法升學，因此一輩子就在社會底層以勞力換取飯吃，可惜了上天給她的聰明才智；假如當時有人可以拉她一把，她今天的生涯路徑會明顯不同。於是，那位志工阿姨願意捐錢幫助繳不起學費的孩子讀書，她的退休金不多，但每月準時匯款到學校，從未晚過一天。二十年來，幫助了無數的孩子，但卻從來不向他人提起。

倫敦商學院創始人查爾斯．韓第（Charles Handy）認為，一個人必須要同時從事三種工作，才能夠保持各方面的平衡與兼顧，走得長長久久。所謂三種工作包括：

1 有金錢收入的工作

這是一般大多數人都從事的工作，為了維持生計，並且擁有資金能夠支持個人從事其他更多樣性的需要，人們都必須有穩固的經濟來源。在上述那位志工阿姨的故事中，「以勞力換取飯吃」是不得已的選擇。

2 無償的工作

通常是以自己的專業知識或能力協助他人解決問題，奉獻自己的時間、金錢或技能，例如幫助親戚朋友做事，但是沒有收取酬勞。在上述那位志工阿姨的故事中，「擔任學校的工友」就是一種無償的工作，維護環境整潔是她的專長，但不算自我實現。

3 自我實現的工作

每個人小時候都有「希望自己未來成為怎樣的一個人」那種憧憬和理想，多數人的理想會隨著求學過程、職涯發展路徑而改變；但無論處在人生哪一個階段，心中都仍期望著某種形式的自我實現。

由於許多人從事有金錢收入的工作過程中，並不是真心喜歡那份工作，而是礙於現實考量需要一份收入來養活自己或家人；然而，因為不是回應自己內心的渴望，在工作過程若遇到阻礙或摩擦時，就容易出現不滿、怨恨的心情，**這些負面情緒無論是**

潛藏內心或公開抒發出來，都會使內在原力萎縮、退化，這是許多上班族的通病。

金錢與自我實現常常是同床異夢，必須**結合以上三種工作所構成的「工作組合」，才能夠在金錢、樂趣、自我實現三方面之間取得適當平衡**，同時也可以分散自己在單一工作上的得失心，有如「投資組合」的效果，可降低人性造成的情緒波動，增加穩定性。當一個人情緒穩定，能夠持續具有生產力並且不斷精進自己，內在原力便得以充分發揮，並透過人際網路的傳遞與正向回應而放大努力的成果。

無償、自我實現的工作，可大幅強化內在原力

楊斯棓醫師曾花一年半的時間，自費走遍全台，舉辦超過兩百二十二場環保議題相關演講。後來除了台灣本島外，綠島、菊島、香港九龍半島、舊金山、洛杉磯、聖地牙哥、溫哥華、多倫多、紐約等世界大城市也都有他的足跡，全世界共有幾萬人聽過他現場演講。

有一次，他和我共進午餐時說，他是靠賣掉五間套房的錢才能完成環島（以及環

遊世界）的所有演講，令我動容。楊醫師同時也是方寸管理顧問公司首席顧問（無償擔任朋友所創立的公司顧問而不領薪），也是暢銷書作家。他在二〇二〇年十月發表的第一本著作《人生路引：我從閱讀中練就的28個基本功》，創下了五個月內十六刷的絕佳紀錄，並於二〇二〇年十二月榮獲金石堂年度風雲人物「星勢力作家」的殊榮。

他將「顧問」、「演講」、「投資」、「寫作」、「國學」、「台語文」方面的能力相互結合，隨時可以透過寫作、演講、開課、擔任企業內訓講師等不同形式來施展他的才能，而他從事醫師以外活動的收入（尤其投資所得）超越醫師的收入；也因此，他得以在很年輕時就不再當醫師看診，而是自由地去做無償的工作、自我實現的工作，並且大量從事慈善公益捐款。

楊醫師的生涯發展軌跡，給我們很好的啟發：初心是為了自我實現（推動環保以及公民自覺），採用無償演講的形式，因而強化了自己在演講與寫作方面的能力，同時在持續演講過程不斷地累積人脈與知名度。他的初心透過了內在原力向人群發聲，由人脈網路以及社會網路層層傳遞開來，也不斷獲得他人支持的力量以及回饋，進而強化了他個人的實力。

儘管他和我身處截然不同的領域，然而後來的生涯發展卻有幾分相似。我在二十年前與好友們一同創立TMBA是受翁景民教授與謝清佳教授所啟發，算是一種自我實現的工作；應TMBA之邀，在過去二十年不斷回學校演講、解答學弟妹生涯與職場上的問題，是一種無償的工作，而幫助解答他人問題的過程所累積的心得、經驗、能力與人脈，也都有助於我在職場生涯中交叉運用，獲得相輔相成的助益。以上的自我實現工作、無償工作，雙雙強化了我在職場上的工作表現，讓自己在職涯的發展上增加了選擇權，因而可以在年輕時就踏上無償公益演講、提攜後進的自我實現之路。

無償的工作，可幫助自己實現天賦自由

TED有史以來最受歡迎的講者之一：肯・羅賓森（Ken Robinson）在《讓天賦自由》書中提到：任何一項天賦，必須經過四個自我檢視與實踐的試煉：天資（aptitude）、熱情（passion）、態度（attitude）以及機會（opportunity），才能到達所謂的「天賦自由」。

羅賓森認為，社會就像一個交響樂團，每個人都有一種擅長的樂器，如果團隊指揮告訴天生愛打鼓的人說：「現在市場上以及團隊內都缺彈鋼琴的人，不缺打鼓的人。」人們因此放棄打鼓改彈鋼琴，整個交響樂團即使能夠正常運作，也會少了激情和震撼力。

「你的公司用多少錢阻止了你追求夢想？」這是電影《型男飛行日誌》的一句經典台詞，但也道盡了許多上班族無法改變現實的無奈。所謂的夢想，通常指的是發自內心的渴求與呼喚，夢想往往與天賦相伴而生，倘若自己的工作與夢想並不同路，那麼就可能讓天賦荒蕪成沙漠。

天賦有外顯的、也有隱性的；**外顯的天賦**（通常屬於專長技能，偏向「硬實力」）容易透過一般職場上的工作直接變現；但**隱性的天賦**（通常屬於特質，偏向「軟實力」，例如同理心與善解人意、幽默感、專注力、美感、責任心）難以直接證明，也無法憑空變現。職場上工作職缺多半以專長技能為主要條件，而缺乏實際工作經驗的應屆畢業生儘管有出眾的隱性天賦，也往往口說無憑，這是不少職場新鮮人自認懷才不遇、大材小用的遺憾成因。

我個人外顯的天賦極少，而且從小就是一個安靜內向的人，學生時代每次被問到我有什麼專長，除了說「念書」以外，我實在答不出來！然而，出社會多年之後我才明白，高敏感是一種天賦，而且上一段提到的「軟實力」許多都是我的強項。這些隱性的天賦幫助我在職場上獲得極佳人緣，並透過著作、演講，影響了許多人。

演講就是一種需要大量與現場聽眾互動的活動。高度的同理心與善解人意的天賦，幫助我可以在演講過程中即時觀察與理解聽眾當下的內心反應；再加上幽默感，使我常可以臨場穿插許多令聽眾大笑或「秒哭」、淚流不止，深深撼動人們內心的演出，往往演講過後好幾個月，甚至幾年之後，還會有聽眾跟我提起之前參加過我哪幾場演講的感動。

兼職、多職、斜槓，皆是讓自己不同天賦獲得更完整展現的機會，但往往必須現有雇主同意才可為之，如果你目前的工作並無法充分展現個人天賦（無論是硬實力或軟實力），就必須靠無償的工作來實現，透過幫助他人來展現你「被耽誤的天賦」，是讓天賦保持不斷累積經驗值與口碑、拓展相關人脈的最好方法。**不影響正職工作，無償的工作可以灌溉每個人的天賦從沙漠變綠洲。**

無償的工作更重要的是可以滋養靈魂。有一位在台南開小吃店為本業的好友兼讀者尤天鵬，他除了喜歡學習投資理財新知之外，還喜歡自己修車，朋友們知道他有這個興趣，也一個接一個把車開去給他保養。因為不收工資，還有管道可以幫忙買汽車零件和材料，因此幫朋友們省下了不少錢。他說：「在這個無償幫忙修車的過程中，整個人處在一種全神貫注的心流狀態，工作結束後雖然滿身大汗，有時候還會有點皮肉傷，但上路試車後的那種成就感，真的無法言喻，整個人都充滿了彷彿被療癒、滋養與灌溉的滿足感！」

反過來說，對於已經賺夠退休所需財富的人，並不一定要離開職場才能夠去做自我實現的工作，**可以直接以無償的工作來進行自我實現，並繼續在原職上發揮影響力**。因此，前述所謂的三種工作，並不一定是分開而獨立的，有時候兩者合一，甚至三者合成一體。

許多人被現實生活壓得喘不過氣，對於想做無償工作或自我實現的工作，感到心有餘而力不足；更多人認為，必須等到「財富自由」之後，才能實現「天賦自由」。我個人是採取國際上FIRE（Financial Independence, Retire Early）所定義「四％法則」：

將退休金配置在股市和債市搭配的投資組合，那麼每年耗用四％，可以長期提領也不會用完。

過去一百多年來，股債混和的長期收益率超過五％，若以一千五百萬元本金計算，就可以每年產生平均超過七十五萬元收益，若只使用其中六十萬元（四％），緩衝的一％可以用來抵抗通膨，如此每月花用五至六萬元，本金也不會減少。

按照上述標準，每個人在努力存退休金的同時，就可以開始做自己想做的事情。我認為並不需要把財富自由想得太困難，**若能舒緩這個無形的財務壓力，心理上便有餘裕可以提早開始做無償工作或自我實現的工作**。

踏出第一步，之後就不難

前嘉裕西服總經理江育誠先生在《退休練習曲：迎接第二次黃金青春的人生提案》當中提到，他從小就很喜歡畫畫，但是家境貧困，小時候每一次學校註冊都是全班最晚繳，註冊費還是父母到處向親戚拜託才借到的。為了幫助家計，他放棄了畫畫的夢想，順從父親的期望去就讀嘉義高工，學一技之長。

他五十歲那一年，決定要重拾兒時夢想，到台灣師大教育推廣中心學畫。當他站在校門口的那一天，激動地掉下眼淚，心裡想：「報名上課這麼容易的一件事情，**為什麼拖到現在才踏出這一步？**」

他從零開始，一點一滴地記錄下了學畫的心路歷程，保存了所有的學畫筆記與習作，用一萬小時學畫而成為傑出畫家。如今已經是繪畫老師，作品無論質或量皆足以舉辦個人畫展，儼然已走在成為大師的路上！

二〇二〇年十二月八日，我邀請江育誠先生與我一同在大安森林公園對面新開不久的「森大青鳥書店」分享當時閱讀幾本好書的讀書心得，共有二十多位好友一同參與。

江先生與我們分享，他不僅畫畫，也修理古鐘、攝影、爬山、蒐集銅幣，尤其針對修理古鐘這件事情別有熱情，遠近馳名。因此各種稀奇古怪、結構迥異的鐘，或者五十年以上的老鐘都會找上他。為了設法讓這些停擺的鐘能夠重新恢復生命，他不惜自掏腰包從世界各地持續買進各種零件，若台灣有人說他的零件數量是第二，恐怕會沒人敢稱第一。

他說：「退休前，我靠職業維生；退休後，我以興趣維生。」這些興趣都是退休之前十幾、二十年就已經持續在做的事情；修鐘是二十多年來的興趣，完全無償的投入。

我認為在台灣，江先生已然是古鐘領域的大師！這是無償的工作，卻得到了無價的自我實現成果。

公開分享，幫助內在原力發揮到最大

著名情商（EQ）大師丹尼爾・高曼（Daniel Goleman）指出，有一種「CEO病」。他形容：**「在CEO周圍，形成了一個巨大的訊息眞空，他不知道組織內的眞實情況或外界環境的眞實挑戰，也不知道組織內其他人對自己的眞實看法。」**CEO病並非CEO獨有，而是每個人在各自領域獲得一定的地位之後都可能會有。

CEO病是一種非學術定義，卻深刻點出了職場上不少人的盲點所在。事實上，受害者不只是他們本人、組織或員工，更大的受害者是當事人最親密的家人或摯友。尤其當一個人獲得了財富或名聲之後，很容易有意或無意的要他人接受其觀點，甚至是一種強迫症，卻漸漸活在自己的封閉世界，就像一個國王（或女王）蓋起了雄偉的城堡而裡面只有獨自一人。

要避免讓既有的成就阻礙了自己將來發展，最好的解決之道就是公開分享。不是為了贏得更多掌聲（那是衍生而來的附屬品），為的是獲得即時而真確的回饋，據以檢視、修正自己，而讓自己的能力持續獲得改良與進化。以我個人的習慣為例，做每一件事情，都比多數人增加兩個步驟，你可以比較以下兩種習慣：

多數人的工作和做事習慣：

1. **輸入（工作任務／生活挑戰／他人來求助／吸收到新知）**
2. **處理**
3. **輸出（完成任務／解決挑戰／幫助了他人／累積自己知識）**

我的工作和做事習慣：

1. 輸入（工作任務／生活挑戰／他人來求助／吸收到新知）

2. 分析問題並尋求最佳方法（解法／演算法）

3. 處理

4. 輸出（完成任務／解決挑戰／幫助了他人／累積自己知識）

5. 分享並獲得回饋，據以改良現有方法

舉例而言，二〇一八年我和好友合著《斜槓的50道難題》即是採用上述五個流程的步驟。那幾年青年失業率攀高，不少學校剛畢業的新鮮人求職困難；也有些是工作五年、十年之後的工作者遇到了瓶頸而向我求助，碰巧當時「斜槓青年」議題正發燒，不少人希望具有斜槓多職身分的我能給予一些過來人建議。我常收到這些諮詢或求助，我都不會憑自己一人想法就直接回答對方，而是向各領域的專家們討論、尋求協助，統整思緒之後再回覆，這就是我多了「**分析問題並尋求最佳方法（解法／演算法）**」這個步驟。

圖2-1｜「斜槓／Slash／職涯」臉書社團

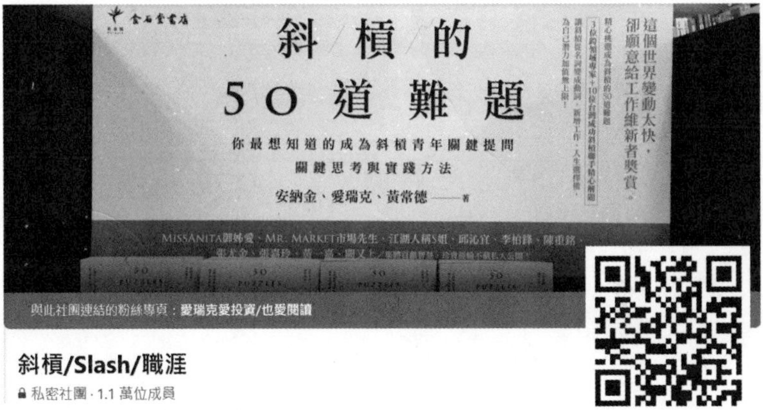

我不斷地將以上討論的問題、處理過程和回覆記錄都保存下來，最後統整、加工彙編而成為《斜槓的50道難題》著作，公開出版以幫助更多人。該著作在上市三個月內熱銷破萬冊，成為年度暢銷書之一。我在臉書開設「斜槓／Slash／職涯」社團以促進相關議題的討論交流，目前已經擁有一萬多名社員，成為該領域的中大型社團。透過社團內持續不斷有新的觀點、新的經驗、新型態活動或商業模式（business model）被提出，也讓身為作者的我和幾位協作者，知識和經驗都因此獲得持續改良與進化。這就是我多了「**分享並獲得回饋，據以改良現有方法**」這個步驟。

以上的五個流程，明顯比多數人所採取的方法多兩個步驟，以下詳細講解這兩個步驟如下：

分析問題並尋求最佳方法（解法／演算法）：

一般人習慣用既定的方法解決問題，而沒有向外界找尋更佳的解決之道。我最喜歡接受新的問題、挑戰或任務，因為可以拓展既有能力和知識疆界，每遇到一個全新的問題，就是我大量研讀跨領域著作以及向其他專業人士請教的機會。例如《斜槓的50道難題》的著作過程需要大量諮詢許多專業意見，因此讓我多認識了好幾位不同領域的知名意見領袖，同時也多讀了將近五十本著作。

分享並獲得回饋，據以改良現有方法：

多數人處理完一件事情就當作結束了，並沒有同步改良、升級自己既有的作業系統。能力和知識疆界若固定不變，做完一百件事情，滿分最高還是一百分；厲害的人每做完一件事情，會把這次的經驗公開分享出來，以獲得各界的回應（包括不同意見，卻是生成新的解法／演算法更新的機會所在），經過一百次的更新升級作業系統後，可能讓新的產出效能達到一萬分。**這個公開分享的步驟是典型「無償的工作」，但卻因此提升自己和周遭人的能力、放大影響力，是內在原力發揮效益的捷徑。**

許多人誤把工作上的成就當成人生使命，而把自己局限在既有成果所蓋起來的城堡中，遺忘了我們曾經有過的許多興趣、嗜好、夢想，以及真正的使命。諷刺的是，人一旦退休，城堡內只剩下幾個人（最親密的家人），而自己卻永遠也出不去了。

誠摯建議你：要蓋一座人生的花園，讓百花齊放，勝過一座城堡孤芳自賞。

圖2-2｜蓋一座人生的花園，讓百花齊放

心態設定

普通人常見設定	發揮內在原力的設定
等賺夠錢了，再開始從事無償的工作與自我實現的工作	同時從事此章談到的三種工作所構成的「工作組合」，在金錢、樂趣、自我實現三方面之間取得適當平衡
無償的工作會排擠自己從事有金錢收入工作的時間	無償的工作和有金錢收入的工作相輔相成，可以強化自己實力而展現在職場上的競爭力提升
害怕未知、擔心風險，對於追尋自己內心聲音的事情遲遲不敢踏出第一步	積極回應自己內心的聲音，滿足內心的渴望，勇於跨出第一步去嘗試
珍藏自己所擁有的知識或能力，怕被別人學走、競爭者變多	透過公開的分享，獲得即時而真確的回饋，讓自己的能力持續獲得改良與進化，並向人群散發影響力

行動清單

1 列出自己現有哪些無償的工作、自我實現的工作？再列出其他可以考慮從事但尚未進行的無償的工作、自我實現的工作。可與另一半或摯友討論，透過他人的力量來促成自己儘早開始。

2

列出自己有哪些天賦是難以在現有工作當中展現的？列出你可以運用這些天賦的管道或方法，給予灌溉天賦的機會，避免任由它荒蕪。

3

檢視自己、另一半，或其他家人、親密好友，是否患有「CEO病」？若有，請掌握「早期發現、早期治療」原則，可請他（她）一起共讀此書，能夠正視問題，那麼問題就先解決了一半。

第 3 章

利他共贏

• 利他的比重隨著年齡遞增 •

獻給公益平台文化基金會創辦人嚴長壽先生，感謝你啟蒙了許多後輩，追隨你的理念為台灣的永續發展一同奉獻心力。

我天生就是一個「高敏感人」，在視覺、嗅覺和觸覺的敏銳度上，幾位醫師認定我比一般人高出三倍以上。以前在美國住二十七樓，每一班地鐵通過的震動我都感覺得到，物業管理員遇到我這種怪咖也是嘖嘖稱奇。在平常人際互動裡，別人覺察不到的細微變化，在我的知覺是放大了好幾倍。

國中時期我就覺察出一個贏家圈的潛規則：「利他共贏者」獲得最多好處。同學之間的巧妙互動，都讓旁觀的我看得一清二楚，他人踩過的坑，我幾乎都能避開。每一個班上都有「小團體」。我發覺「自私自利者」往往歸屬在極小的團體（通常只有兩人，甚至是獨自一人），「利他共贏者」所屬的小團體往往較大，而且，是少數可以同時在不同小團體之間自由穿梭的人，受到最多人的喜愛。

我善用了這些高敏感人的天賦，獲得了不錯的人緣。直到後來犯了一個大錯，釀成災難，才讓我更加理解**眞正的利他，不能純粹是爲了當下討好別人，而是要站在更高遠的角度來衡量**。國中二年級某一次段考，我將答案抄在問題卷上丟給了坐我後面的好友，監考的英文老師當場把我逮個正著，用力打了我一個耳光（我仍記得當下右耳有幾分鐘的耳鳴而聽不清楚）並記我一支大過。往後整個學期，只要這位老師上的課我就要全程跪著。英文課是國中課程節數最多的課，所以我幾乎每天都要跪兩個小時，跪到膝蓋會痛、腰會痠，而班上同學們異樣的眼光更是令人折磨。

那次段考因為一科被打零分，加上無心應考後續科目，排名掉到班上倒數第二名，而最後一名則是被我害慘的好友（他也被記一支大過以及跪一學期的英文課）。他是我們班上的「大哥」，在全校同年級的地位堪稱前三大巨頭，或許我的中二病是想證明自己也可以「勇敢」（是傻勁）地幫助大哥「做點什麼」？在考試中把答案丟給他人這舉動顯然違反了校規，更害了我們班大哥多了這一支大過，已累積達到兩大過兩小過，陷入被勒令退學邊緣。

《艋舺》電影中有一句經典台詞：「**意義是啥小，恁爸只聽過義氣，沒聽過意義啦！**」是所有青春期男性都有的共鳴，俗稱「中二病」，似乎從初中到二十、三十歲的男性，很少人不發病。

那次事件所帶來的壓力快讓我喘不過氣，除了來自師長的不諒解，我更擔心的是萬一班上大哥被退學，跟著他混的那一群校內「兄弟們」絕不會原諒我，更可能使原本校內「三巨頭」所形成的生態系因此失衡（好比三國時代少了一國），每每想到他若被迫離校可能釀成所屬派系「生態浩劫」就讓我頭皮發麻。更大的壓力來自我的父親，我是家族裡唯一被記過的人。父親身為長子、長孫、長曾孫，一生嚴以律己，卻因為我做錯事而蒙羞，一次在深夜裡他嚴厲訓斥我說：「你是一個有汙點的人！這汙點會跟著你一輩子！」

那是我最後一次因為學業而感到羞愧，但我深深懺悔，長達一年發憤圖強。升上國中三年級，那位英文老師成為了我們班導師，我漸漸讓她原本對我失望，在畢業之前略帶希望地指著我的頭，對全班說：「他再努力一點，或許也能考上第二志願（當時的台中二中）！」對於那時成績普通的我來說，心裡真的感到溫暖與被諒解。她也在我畢業前申請為我「銷過」（按校規：一年內無新的懲處記錄且具優良表現事蹟，得以申請註銷之前所記的過），我父親對我的埋怨也自此一筆勾銷。

無論發生任何事情，事情本身並不重要，而是我們如何去解讀與回應。被記大過那件事情之後，我就誓言這輩子不會再有第二次！幸運地，我以中等成績考進台中二中。後來又持續向上爬，高中三年級的第一次模擬考，已經全校排名二十多名，再以不到一年的時間，每天只睡三個小時猛讀書，到畢業前最後一次模擬考已經來到全校第二名，最後進入當年全國理工科第三志願的台大資訊管理學系。

我不是天賦異稟的績優生，一輩子沒進過資優班。記得進國中一年級的時候第一次的段考才知道有「全校排名」這怪玩意，我排在三百多名，當下我覺得幹嘛排名？這數字對我來說有點太大。在高中三年級那年之所以能夠快速攀升到全校第二名，**關鍵在於我無償幫助同學解答各科問題，絕不在考試中，而是在平常的每一天**，無論是早自習或空堂的自習課，都會有同學帶著他們不懂的問題來問我，有時候還要排隊，**我的實力是從幫助他人解決問題之中而累積的**——這就是「利他共贏」。

在多年之後回顧，十四歲的一次大過與悔過，成為我從谷底翻身、力爭上游的序曲。我父親說的「這汙點會跟著你一輩子」這句話需要改寫，那是我人生邁向卓越的起點。

自顧不暇了，怎麼利他？

每個人在職場上都遇過「自私自利」的人。在此書創作過程，我和三十多位好友討論了他們職場中的案例，結果一面倒呈現出人人討厭「自私自利」者；然而，當進一步詢問每個人是否有做到「利他」？很多人才驚覺沒有！事實上，反而可能已默默成為了他人眼中的「自私自利」者而不自知。

有幾位好友說，他們面對工作與生活的壓力已經自顧不暇，沒有餘力再去幫助別人；有幾位覺得自己目前生活簡單平順，就一直維持這種「沒事就好」的狀態，不會想到要做什麼利他的事；也有好友嘗試過利他，但並沒有獲得明顯回報，因此後來也漸漸不再這麼做了。

「有利他之心的人，是否就是濫好人？會不會被他人欺負？」這是我很常被問到的問題。我的答案是否定的，因為有許多成功企業家都是利他主義者，而且影響力遠大過於其他企業家。

日本「經營之聖」稻盛和夫抱持的經營哲學就是「利他」，而由此產生的強大力量曾讓他在短短三年內將日航轉虧為盈，跌破眾人眼鏡。他曾說：「**當企業家擁有『利他共贏』之心，一定會吸引很多優秀的人才加入，成為內外的助力。**」有這些助力，企業一定強盛；對個人來說，也是如此。

若有「利他等同割捨、好人會吃虧」的擔心，普遍是把職場或市場當作「零和遊戲」——資源有限，一個人獲得較多就會讓他人獲得較少，因此必須搶奪資源、一爭高下。然而，真實的世界是經濟持續在擴張，全球消費市場幾乎是年年成長，而且不斷有新的市場需求誕生出來，**聰明的人會聯手把餅做大、每個人都分到比原來更大的餅**。「零和遊戲」是輸家的心態設定，贏家們普遍是採取「利他共贏」的心態設定。

事實上，不用刻意「利他」，而是從「利他又利己」出發。先嘗試做出可以一舉數得，或「雙贏」的選擇，從中獲得經驗以及體悟，漸漸地從「利他一點點」開始，隨著年齡以及經驗值的增加，再逐步提高「利他的比重」。這才是真正可行又高效益的方法。

例如，一個十歲的小學生，可以設定一〇%的利他，就會從完全不做利他的同儕之中區隔出來；二十歲的大學生可以設定二〇%的利他、三十歲的職場工作者設定三〇%的利他，依此類推。這裡所謂的利他，並不是用金錢計算，而是以「心思意念」去衡量，例如，做一件事情，有多少比重是為了幫助別人而不是純粹為了自己？或者，完成一件工作會有多少比重是讓他人因此受惠？

不要小看這一〇%、二〇%的利他比重，關鍵在於這麼做會讓自己明顯不同、脫穎而出！二〇〇一年諾貝爾經濟學獎得主麥克．史賓塞（Michael Spence）所提出的「訊號理論」（The Signaling Theory）已被運用在各種不同領域，在職場與人際之間，**具有「利他之心」的人將釋放出一種獨具吸引力的訊號，吸引較多的人願意接近、與其共事。**

慈善公益，要從年輕做起

在職涯中影響我極大的一位前輩，是前亞都麗緻飯店總裁嚴長壽先生。我參加過兩次由他主講的新書發表會，第一次是一九九七年他的第一本著作《總裁獅子心》新書演講，舉辦於台中當時稱作「永豐棧麗緻酒店」三樓的劍橋廳。坐在第一排的我，與嚴前輩所坐的講師桌之間距離不到兩公尺。當時我二十一歲，那一場演講令我深深感到震撼，對我的影響至今長達二十多年，而且益發強烈。

嚴前輩演講給我的衝擊來自兩個方面：**努力比學歷重要、慈善公益要從年輕做起**。他學歷僅有高中畢業，二十三歲從美國運通公司的傳達小弟開始做起，二十八歲成為美國運通的經理，三十二歲成為亞都麗緻大飯店的總裁。這對於大多數努力拚課業成績的人來說，揭示了一條截然不同的路，讓身為學生的我恍然大悟——原來人生之路無限寬廣，不要以為贏了課業就贏了別人！

另一方面，演講中我強烈感受到他對台灣這片土地的熱愛，以及對於社會公益付出無盡的關懷。當下自己默默許下心願：「將來我也要像他一樣！」回家之後，便將自己於PTT網站上的暱稱改為「慈善公益要從年輕做起」，並且積極參與各種慈善公益相關的活動。**我的人生觀不同了，看見的世界也就不同，人生的境遇和發展也因此而改變**。

別小看參加一場演講對一個人的生涯發展可能產生的影響。**當主講者的某些意念觸動了我們心靈，所產生的巨大震撼有可能改變了我們的心靈設定（mindset），進而走出一條截然不同的人生路徑**。美國的人權運動領袖，同時也是一九六四年諾貝爾和平獎得主金恩牧師（Martin Luther King, Jr.）在一九六三年八月二十八日於華盛頓

圖3-1｜金恩牧師著名的“I Have A Dream”演說

紀念碑前廣場發表「I Have A Dream」那一場具有強大意念的演講之後，影響力至今已經穿透了五十多年，跨越了全人類世界，至今仍深深地影響著後人。

我第二次參加嚴先生演講，是在二〇二一年一月《我所嚮往的生活文明》新書演講會，舉辦於台北的福華文教會館卓越堂。他提到二〇一九年在美國矽谷最後一場演講之後，自覺已年過七十，應該將舞台讓給下一代的年輕人，於是私下決定不再花時間寫書、演講，而把餘生所有心力全心投注在偏鄉教育及公益活動上。

然而，沒想到爆發COVID-19疫情，他眼見同屬觀光旅遊業的夥伴們正經歷墜崖式的崩解，政府和業者卻沒有做出明智的決策，令他深感憂慮而不得不復出寫書、演講。自六十歲退休後已經百分之百投入公益不遺餘力的嚴前輩，就是利他主義者的最佳典範。

那天我坐在前面第二排聽演講，坐我正前方的是誠致教育基金會創辦人方新舟前輩，同時也是「均一教育平台」的創辦人，他在五十九歲退休時將之前連續創業成功所累積的資金，全部都投入到基金會中推展多項公益，是另一位六十歲之前就百分之百利他者的典範。由於我每年捐助均一教育平台，從無缺席，因此和方先生聊幾句就深深有所共鳴，利他主義者之間很容易辨別出彼此相近的頻率。

嚴長壽先生、方新舟先生，都在六十歲之前就百分之百利他。我從閱讀他們相關報導和著作中發現，**並不是因爲他們賺夠錢了所以開始利他，而是他們都是從很年輕就高度展現利他作風，因此獲得極致成就。**

利他共贏者，在職場上無往不利

我很慶幸自己二〇〇二年踏入職場第一份工作，是從一家外商基金公司的通路業務開始做起。當時，正值二〇〇〇年科技泡沫破滅之後兩年，整個業界都在縮編、裁員、放無薪假。而那一年畢業的碩士班同學繼續進修博士班，或出國修第二個碩士學位的比例，創下了歷年來新高。

雖然我僅歷練了兩年半的業務工作，但卻是我深刻體會利他共贏概念的開端。當時全公司只有五位通路業務員，卻要負責全台四十多家的金融機構，若把全省分支機構加起來大約共有兩千多個據點，因此不可能全部靠自己跑，而是誰到了哪一個縣市出差，就要順便幫其他同事跑幾個重要分點。

我們五個人相互合作，兩年內就讓團隊轄下負責的資產規模暴增百億以上，那種「一起把餅做大，每個人賺飽飽」的感覺至今難忘！直到有一天，老闆單獨把我找去，面露難色地跟我說：「公司對你另有重用，我不想割愛，但不得不放手。」我感到一股不祥之兆，得知是要把我調去負責「產品管理」以及對所有業務人員的產品訓練，並要擔任投資研究部門對業務部門之間的溝通窗口，那是全公司需要最大量跨部門協調的新單位，從外面高薪挖角進來的人沒一個順利存活。

果然不出所料，我到了新單位後每天平均講五十通電話、處理兩百多封電子郵件，也要全省陪訪重量級大客戶，更挑戰的是要讓我的「內部客戶」也就是全公司四十多位業務同仁滿意。這讓我吃盡了苦頭，常常加班到深夜，最後一個離開要負責將公司大門上鎖的人就是我。我的體重連三年下降，一度來到只剩五十三公斤！

好事來得非常突然。有一年公司開始導入美國總部要求的績效衡量新標準，將「核心職能」這些偏向個人素養的項目納入全球所有員工的考績占三五％，對每一位主管則是高達四九％。在這種評分模式下，就算把自己份內工作做到最好，大概也只會有八十分。然而，因為我的工作需要頻繁跨部門溝通，最容易展現每一項「核心職能」而得到高分。在這套考核標準下，一直到我離開這家服務了十二年的公司，沒有一年的考績不是「特優」。

「利他共贏」的心態設定讓我在職場上獲得另一個重大驚喜，是在我擔任主管職三年之後，美國總公司提供給全球十多家的子公司，共有四個可以輪調到美國總部受高階主管訓練的機會。我也因為沒有敵人、沒有競爭者，而成為台灣唯一外派美國的代表，在半年之內認識了近四百位集團內的中高階主管、參加將近四百次的會議，跑遍了半個美國。這都是在二〇〇二年我接受那份月薪只有三萬八千元的工作時，完全無法想像的發展，而關鍵就在自己「利他共贏」的心態，透過內在原力讓周遭的人感受到我對他們的幫助，終究回報到自身受益最大。

利他的比重，要大於等於自己年齡

下表簡略呈現，我在四十二歲財務自由之前的生涯發展歷程，以及各個時期的利他比重。

在我四十二歲「退而不休」之後，基本上就不為個人利益而做事，而是尋找「對更多人有益」的事情來做，而自己也從中獲得成長。我周遭幾位不到四十歲就財富自由的好友，他們在四十歲以前的利他比重都超過五成以上，因此他們在職場當中無往不利，受眾人的支持而獲致成功。例如一起推廣閱讀的楊斯棓醫師，三十多歲就自費

表3-1｜我個人生涯路徑的利他比重

年齡	當時主要從事的工作，以及利他的具體行爲	利他比重
18	高中三年級學生。常幫同學們解答課業上的問題因而增強了自己的實力	20%
25	台大商學研究所學生。創立 TMBA 並開始每年無償演講、幫助學弟妹解答生涯問題（至今未中斷）	30%
26	剛踏入職場的第一年從事業務工作。花了將近三分之一的時間幫助其他的業務同仁服務不屬於我自己業績計算範圍的其他金融機構	32%
28	擔任外商基金公司內部產品講師。幫助全公司的業務同仁解答客戶有關產品面、投資面的問題，從大量的客戶陪訪當中獲得極高的評價因而受邀到更多機構去演講	35%
35	受公司外派至美國的集團總部輪調半年。要幫台灣的子公司在集團內的其他各家子公司之間建立溝通管道，並且研究更多跨公司合作的可能性	45%
38	擔任國內某大金控子公司的投資顧問部主管。除了幫助公司拓展在海外法人客戶之間的知名度，也要幫助全公司的業務同仁提供能代表公司一致對外的投資觀點	50%
42	財務自由，擔任金融投資圈內專業講師並陪伴家人。從事無償的演講，並且解答許多年輕人有關職涯發展的問題，也常發起或參與各種慈善公益活動	60% 以上

進行兩百多場環保議題相關的公益演講，如今四十出頭的年紀，演講、著作、採訪邀約行程滿檔。

二〇二〇年十二月八日，我在「森大青鳥書店」舉辦的讀書心得分享會中，與二十多位好友分享了「利他的比重，要大於等於自己年齡」這個心法，其中一位媽媽回家跟就讀小學五年級的兒子分享。她兒子過去一直糾結在班上成績輸給另一位同學，不僅不快樂，甚至有時不想去學校。沒想到，不到一個月時，班上導師竟然主動跟那位媽媽說：「妳的兒子變得不太一樣了，他會主動幫助同學，而且過得比以前開心多了！」這應驗了將「零和遊戲」設定改為「利他共好」，奇蹟自然發生！

演講、著作、擔任公職，利他效果百倍

一個人只顧利己，最高分也不會超過一百分；但如果是透過公開、對大眾發揮影響的方式，創造的總分將是數十倍、數百倍以上。假設可以透過一次的作為而幫助了一百個人，創造一萬分的總分，就算利己只是一成，那麼也會有一千分歸到自己。這

就是內在原力可以透過對他人的影響，將成果放大數十倍、數百倍的原理。**公開的演講、擔任講師或教職、公開發表文章或著作，以及擔任具有影響力的職務來幫助眾人，都是發揮內在原力、累積成就最快的方法**。

有關積德造命之法最詳盡的典籍之一就是《了凡四訓》，這是明朝袁了凡寫給兒子的家訓。袁了凡年輕時因為算命高人為他推測的命運都一一應驗，因而認為命運定數不可改變。後來遇見高僧雲谷禪師解說命運如何掌握在自己手上，於是發願要做一萬件善事，因而改變了自己原先只有秀才命、沒有子女、活不過六十歲的命運。

他行善積德的過程，請太太一起幫忙記錄，只要有做一件善事就在簿子上畫一個紅色圓圈，每天不斷累積；後來他擔任相當於現今縣長職務時，遇到天災而農作物歉收，他免除了稅捐並廣開糧倉救助了數萬人。雲谷禪師表示，**做一次幫助一萬人的事情，功德與福德相當於幫助一個人的事情做一萬次**。

至於利他的比重是否愈高愈好？這倒不一定，因爲每個人在自己人生的不同階段都有該承擔的責任，例如成家立業、養育子女、照顧父母，因此利他還是必須有「親疏遠近」的優先序，先從內圈照顧好了再逐漸往外圈擴展，才不至於一味地把心力放在灌溉外部的花園，卻讓自家內的庭園荒廢、花草枯萎。

利他共贏是一個原則，不代表事事都必須如此，也要評估我們當下所處的情勢以及自己的把握度來做取捨，避免想拯救溺水者而被緊緊纏住，一起溺斃的狀況。華頓商學院教授亞當・格蘭特（Adam Grant）建議忙碌的上班族可以當個「**懂得保護自我的給予者**」（self-protected givers），也就是知道自己界線，並懂得選擇高影響力（自己只需要投入少數資源就可以使對方有大幅度的影響），或相對較低成本的幫助方式（對我們而言所耗用的資源不多，或者我們恰好擁有大量該項資源），便能更有效的參與更多助人之事又不被掏空。至於如何在職場上避免被「人際關係黑洞」吸走能量，於本書第五章「站對地方」進一步解說。

心態設定

普通人常見設定	發揮內在原力的設定
行有餘力，再開始利他	利他的比重大於等於自己的年齡
當好人容易被欺負	透過利他之心，吸引更多人來幫助自己
不透露自己成功的方法以避免被別人學走	透過演講、著作幫助更多人，自己受惠更多
利他可能導致自己被掏空	當個懂得保護自我的給予者，不會損及自己

行動清單

1 列出自己職場生涯當中，自己展現出「利他共好」（利他共贏）的實際案例，事後回想看看，自己獲得了哪些的好處或者善意的回應？

2

評估自己目前利他的比重設定，大約是多少百分比？與自己的年齡數字相比，差異有多少？請設定利他的比重大於或等於自己的年齡，並且具體實行三個月（或半年）之後回頭來檢視，是否有察覺到自己人生產生多少改變？

第 4 章

成功方程式

‧網路新世代需多加防護罩‧

獻給日本「經營之聖」稻盛和夫先生，感謝你為當代的企業經營者們樹立了「利他共贏」的良好典範。

每個人本心當中都存在著「求生存與發展」的動機，這也是人類DNA當中與生俱來的本能，若運用在職場表現與自我實現的發展上，可稱為「上進心」。

在多數人普遍具有某種程度上進心的職場環境中相互競爭，有如逆水行舟，不進則退。因此，光有上進心是不夠的，必須對於「成就」有更深刻地認識，以及更全面地理解，才能夠正確地施力、取得高效益的成果。

思考方式（價值觀與態度）對於人們一生成就的影響十分巨大，稻盛和夫前輩為了讓員工理解心性想法對人的一生有多重要，提出了一條「成功方程式」：

成就＝熱忱×能力×思考方式

其中，「熱忱」與「能力」的數值都是介於零分到一百分之間，而「思考方式」則取決於一個人看待生命的態度，可以是正向也可以是負向，數值是從正一至負一。在滿分一萬分的公式之下，稻盛和夫說他曾受邀為許多企業經營者演講，而參與的聽眾們自評的分數普遍約落在六千分上下。

「天命」可以說是「天生的使命」，也就是最有效使用自己生命的方式。成功者通常是找到自己「天命」的人，也就是「熱忱」與「能力」交集所在：往往是「熱忱」接近一百分的地方，打從自己內心覺得非做不可，無需任何外在獎勵也會廢寢忘食、奮不顧身完全投入的領域，而且很容易可以長時間自發性專注；通常也是「能力」在八十分以上，能夠表現明顯優異出眾的領域，只要花時間多加以精進、磨練，往往會達到接近一百分的水準。

只要能夠找出「天命」所在，人人都可以表現有如天才。洪瀞教授說：「**天才是放對地方的普通人，普通人是放錯地方的天才。**」

然而，就算「熱忱」與「能力」都達到一百分，但「思考方式」唯有全心投入才會是正一，和前兩項相乘起來才會達到一萬分。這意味著，就算找到了自己的「天命」，若沒有完全徹底的臣服於這個天命，並將自己所有生命力量都投入，就不可能是滿分的一萬分。

有一位大我二十屆台大商學研究所的學長，屬於富二代，從小家境優渥，周遭有幾位好友也是。但他自述年輕的時候非常荒唐、是不良少年，十四歲到十六歲半是在感化院度過的，進了社會之後還是有很多人對他指指點點說：「這小子是流氓出身的！」然而在他二十六歲的時候發生了一件重大的事件，自此改變了一生。

那一年，他最要好的朋友自殺身亡，留給他的遺言說：「我人生什麼都有了，**感覺不到人生還有什麼樂趣，**我不知道活著還有什麼意義？」好友的自殺帶給他人生極大衝擊，很長一段時間無法正常入睡。然而，在他醒悟了之後並沒有因此消沉，反而做出了人生重大決定：「我要創辦大事業、興學以濟世！」他就是後來成為潤泰集團總裁的尹衍樑，也是北京大學光華管理學院創辦人，《富比士》雜誌評選台灣前十大富豪。

同樣的家世背景，卻走向了兩種截然不同的人生路徑，而「思考方式」就是關鍵所在。

對於尚在就學期間，或剛出社會的年輕人來說，為課業或工作壓力所苦，常感到喘不過氣，如何還能追尋天命？對此感到困擾者，可參考本章「行動清單」第一點的練習，將重點放在「熱忱」上面，調整自己。

就算有許多年輕時的夢想無法在早期實現，但都會在人生的不同階段留下線索，

讓自己在未來的某一天，因緣際會透過這些線索打開自己天命之門，鑰匙往往不會在年輕時出現，所以不用急、慢慢找，幾乎每個人都會找到。重點是，你能否在人生的旅程當中，護住那一塊夢想的心田，不被輕易踐踏？

新世代的成功方程式

稻盛前輩提供了上一個世代絕佳的成功典範，然而在當今網路科技和行動通訊發達、資訊爆炸的時代，必須再加上兩個因子：「成功者的防護罩」以及「人際槓桿」，新世代的成功方式應該包含五個要件。

成就＝熱忱×能力×思考方式×成功者的防護罩×人際槓桿

「成功者的防護罩」是用來過濾、阻絕負面的雜音，以確保自己的思考方式不會受到影響而變成負值，或被世俗同化而淪為平凡普通者。這個防護罩數值介於零至一，

圖4-1 | 新世代的成功方程式

就算其他的因子都很高分，若防護罩為零，就可能被磨損到失去原本該有的成就。「人際槓桿」則是透過人脈網路的乘數效應來放大自己的努力成果，被更多人看見，也同時影響著更多人。人際槓桿倍數沒有極限，將於本書下一章詳談。

「思考方式」主要取決於「價值觀」和「態度」，是人生演算法當中極為重要的設定。其中「價值觀」偏向個人的喜好與取捨；「態度」則是自信和意志力的展現。以下以成長背景與我相近的林志穎實例說明。

相較於年齡相近的「小虎隊」出過的專輯數量龐大，林志穎的專輯數少。若比電影和電視劇，不如吳奇隆在《步步驚心》演出四阿哥雍正這樣的代表作；也沒有如蘇有朋演出《還珠格格》、《倚天屠龍記》、《非緣勿擾》這些熱門電視劇擔綱主角。然而，林志穎一九九二年出道至今，紅快三十年了，為什麼？

關鍵不在於唱歌或戲劇，他真正的熱情在賽車，那才是他找到的「天命」。然而，在一九九八年賽道上遭遇嚴重車禍，導致右腳掌斷了三根骨頭，打了四根鋼釘固定，被父親要求禁賽，尚處業餘階段的賽車事業面臨著來自親人和輿論的巨大壓力，當時演藝事業也轉型不成功，陷入了前所未有的低潮。但他認定賽車是自己的天命，並且做出了這樣的心態設定：「超越自己比戰勝別人更重要。」

透過不斷地練習，他後來參加世界A級越野賽WRC澳洲栢斯分站，成為台灣第一位參加國際頂級賽事的車手，因此許多台灣的官方形象代言人幾乎都被他包攬：警察形象代言人、消防局形象代言人、交通部形象代言人、反毒大使、更生大使、反賄選大使、台北市救護隊形象代言人等等。

「超越自己比戰勝別人更重要。」是一種典型的卓越者思考方式，屬於「成長型心態」，認爲生命是長期持續地累積過程，不會因爲一次的失敗就減損自己價值。本書第六章會進一步詳談。

如果林志穎在那一次嚴重車禍之後的思考方式是負面的，那麼賽車這個天命（成就勝過了演藝事業）就算是熱忱和能力滿分，終究也只是留下一個人生永遠的傷痕。若你不希望自己人生中的天命被埋沒，請記得永遠保持正面思考。

「思考方式」會決定你成為一個什麼樣的人

「態度」是思考方式的重要元素，也是內在原力能否發揮的關鍵因素。我大四那年運氣好，考上預官，因此大學畢業後先去擔任義務役人事官，月薪一萬五千多元並不算多，但可以從事比一般兵更有挑戰的事情。我也將這段約兩年的經驗視為一段寶貴的工作資歷。

人事官的職務和一般企業的人資主管大同小異，不外乎任用、選訓、考績、升遷、獎懲。然而對我來說，最重要的是將新兵從新訓中心帶來我的部隊，以及確保他們安全退伍離營，我就是陪同他們走一趟「旅程」的使者。**我希望自己像是一個好的天使，盡我所能做出最好的事情**。

同僚說我的強項是「無畏布施」，幫助每一位新兵菜鳥可以帶著微笑進入我們營區，而不是害怕恐懼。我帶過形形色色不同背景的人進來，包括一般職場上很難遇到的三教九流之輩（例如「黑二代」），入營第一件事就是幫助他們完成個人資料填寫與建檔，我最留意的是「興趣專長」這一欄，尤其看到「烤麵包」或「烹飪」相關專長最令我期待；我也送走過差不多同等數量的人退伍離營，直到有一天發生了大幅改變這平衡狀態的重大事件——「九二一大地震」。

一九九九年的九月二十一日，凌晨一點四十七分發生芮氏規模七點三（美國地質調查局測得地震矩規模七點六至七點七）大地震，肇因於車籠埔斷層的錯動，並在地表造成長達八十五公里的破裂帶，共造成兩千四百一十五人死亡，一萬一千三百零五人受傷，五萬多間房屋全倒，另外五萬多間房屋半倒。我的營區，叫做「車籠埔營區」，就在那一條斷層帶正上方。

地震發生時，我睡在二樓軍官寢室的鋁床上鋪，整個人被劇烈搖晃、甩來甩去，我使盡力氣用雙手抓住床緣的扶手，才沒摔下床來。當室友能夠扶著牆壁走到靠近門邊時，發現整個鋁門因為擠壓變形以至於打不開，所有電力中斷，我們只能在漆黑中聽到走廊外有幾百人瘋狂奔跑、大叫。我這間寢室有五位軍官，無論怎麼叫喊，外面都聽不到，我們被困住出不去！

後來，所有人聲遠離，我們五個人合力猛撞，硬是把門撞成扭曲變形而開。當我們跑到了建築物前的一大片空地上時，所有人都已經在蹲在草地上議論紛紛，看著遠方天空上的一片火紅，才知道原來是五十公里外的南投埔里酒廠起大火燃燒，把天上的雲照亮並染成了紅色。

天亮之後，我恍然發現，營區外的半山腰上原本有一座我常常遠眺的寺廟，在大地震中崩塌變成土黃色的瓦礫堆，真的不可置信！走出營區大門，看到馬路隆起、斷裂，主要的聯外橋梁也斷了，而馬路兩旁的民宅幾乎全倒或半倒，我很慶幸當時自己是在營區內，軍方蓋的營房算是堅固，牆壁有部分裂痕，但沒有任何一棟建築倒塌。清點完營區內無人傷亡，我身為人事官的挑戰才正要開始。

該營區內由分屬三個不同兵種與單位的人駐守，而我的上級長官兼任營區指揮官，我是他的直屬幕僚，也就負責整個營區的「內部管理」督導責任。奉九二一地震救災指揮中心（總統就是最高指揮官）指示，我們營區成了災民臨時收容所，安置了兩千多名附近的居民入住，我負責為他們製作識別證，並且盡快為受災的士官兵辦理提前退伍。

我常加班到深夜，因為案件太多，災民的狀況各有不同；軍方當時規定，住家全倒或半倒者可申請提前退伍，後來放寬到二等親內有傷亡導致在營弟兄成為家中唯一經濟支柱者也可以申請退役，還有一些相對細節的其他特殊規定。

然而，規定是死的文字，我們卻是活生生的人，有不少弟兄是家人重傷甚至死亡但尚未符合提前退伍標準者，他們是心力交瘁的，我是高敏感人，所以這些痛苦我無法閃避，只能面對、處理、放下、繼續往前。

往往人世間的苦難發生時，是考驗人們思考方式，決定自己成爲怎樣的一個人的關鍵時刻。

我認為，每一個人都是家裡的重要成員，也是某些家人心中的唯一希望。有來申請提前退伍的，只要有檢附足夠證明，我可以不睡覺也會幫助他們在最短時間內完成申請並審查通過；尚未符合資格的，我盡全力告知他們有哪些方式可以獲得相關證明來提出申請，我告訴他們：「只要你有任何一點可能提前退伍的希望，我就會幫你！」**每一條規定的界線，都有對應的解釋空間，考驗一個人的能力極限。**

在軍中或某些公家單位，很容易聽到「這是規定」四個字，這句話從不曾由我口中說出過。**每一個人來到這個世間，都不是爲了符合規定而生**。我們不會在軍中或某個特定職位待一輩子，要讓此生無憾的最好方法，就是無論在人生的哪一個階段，都活出自己最光輝的極限。

「態度」決定一個人最終能到達的高度。我們可以將他人的問題用「這是規定」四個字解決，也可以**將他人的困境當作自己的修行**。

同理心、慈悲心，都是愛的具體表現，也是最強大的內在原力。擁有強烈同理心與慈悲心的人，往往可以感動最多人、發揮最大的影響力，而且都是平常就可以累積的，不要抱怨說老天沒有給我們機會，因為機會無所不在。我們每一天用什麼樣的態度去對待出現在眼前的每一個人，都將累積並形塑出我們一生的樣子。

「成功者的防護罩」驚人的威力

對人生成就有重大影響的因素，除了「思考方式」之外，還有「成功者的防護罩」，不僅是可以抵抗惡意批評的心理防護罩，更是幫助我們做出人生重大抉擇的篩選器。

《躍遷》書中談到一段紀錄片是拍攝亞馬遜河流域有種叫作「森蚺」的巨蟒，是全世界最長、最重的蟒，如果被牠纏上，會產生每平方英吋九〇磅（約六點四公斤）的強大壓力，相當於在我們胸口上放一輛四噸重的卡車，我們會聽到骨頭碎裂的聲音。

牠的覓食方式是採取長線布局，先找靠近樹蔭邊的水源，通常那是各種動物頻繁出沒的地方，靜靜地盤在樹下動也不動。通常會在原地潛伏十多天，過程中會有許多動物經過，一開始動物們都看得出來那是一條巨蟒，但隨著時間經過，風吹日曬雨淋，任由落葉、青苔堆積，牠還是完全不動，漸漸地看起來就像是木頭一樣。後來，直到有一隻羊或大型動物到池邊，背對著牠而毫無防備時，這條盤踞十多天的巨蟒就像黑色彈簧一樣突然躥起，緊緊將大型動物纏住、緩緩展開絞殺，當獵物被纏困到窒息不再掙扎，一口吞下，往往就可以花一個月時間慢慢消化。

每當我向朋友轉述這個「森蚺」的事蹟，沒有一位不嘖嘖稱奇、深感佩服！這種亞馬遜森林的巨蟒永遠清楚自己的目標是要獵食大型動物，而潛伏過程中一定會遇到許多中小型動物從牠身上踩過去，或者鳥兒在樹上將排泄物落到牠身上，都不以為意。牠們很清楚「有捨，才有得」的生存之道。這就是一種「**成功者的防護罩**」——**能夠篩選、過濾掉不屬於自己應追尋的事物，而將心神專注於天命裡的既定目標。**

「成功者的防護罩」不僅可以幫助人們專注在自己天命的領域，更可以陪伴我們在數不盡的日子裡跋山涉水，最終抵達我們心中的桃花源。

高中一年級我愛上溜冰，去冰宮超過一百多次，從第一次到第一百二十八次，全部記錄在我一本小冊子裡。從一開始自己連站都站不穩，練到「倒溜」速度往往是冰宮裡的第一，比飆車還刺激。遇到地上有人摔倒，我和冰宮內最厲害的幾位強者可以一次飛越兩、三個人，從沒有踩過人的「失腳」紀錄。

然而，在高速中閃避「地上的人」可能讓自己重心不穩而落地摔傷；手腳破皮、褲子破洞是家常便飯。我花一年多的時間被同儕封為「冰宮王子」，總是當「龍頭」，可以一次拉動二十、三十幾個人連接的長長人龍，玩神龍擺尾和過山洞。那是我在運動領域曾經有過最風光的一段日子。

然而，我知道溜冰不是自己的天命，能力一百分不代表也有一百分的熱忱，我並沒有把溜冰當志業，沒想過一輩子要教人溜冰（但我確實有熱情想要教很多人用一輩子來閱讀）。同時，高中二年級班上和我要好的兩位摯友，在升上三年級之際雙雙被留級，我知道自己只剩下一年時間可以翻轉課業成績，是該擱置溜冰了！我選擇「閉關」

讀書，並且與所有曾經一起玩樂的好友們暫停聯繫長達一整年。

在深夜裡，我往往獨自一人在書房苦讀到清晨兩點，想到隔絕了昔日好友，以及在冰宮風光的日子逐漸遠離，會忍不住流淚；但我深深記得那一年所訂下的自我期許：「**考進好的學校，進入上流社會，重新展開人生。**」這一句話，以及安靜的書房，就是我順利考上台大的「成功者的防護罩」。

在網路資訊爆炸、人際互動緊密而複雜的現代，每一位成功者都必須打開防護罩，才能夠避免自己的力量在日常當中耗損，也才能夠確保內在的原力得以在符合自己天命的領域當中被集中、高效率地運用。

心態設定

普通人常見設定	發揮內在原力的設定
認爲家世背景很重要，輸在起跑點就不容易翻身	認爲一個人的思考方式比他的家世背景更重要，人人都有翻身機會
遇到不好的事情，自認倒楣	用積極正面的思考方式看待生命中的挫折，將其轉化爲成長的養分
他人遇到困難，不是我們的事	善用同理心、慈悲心，透過幫助他人解決問題來提升自己能力
當疏離於人群之外時會感到不安與焦慮	能夠在獨處當中保持高度專注，安於疏離感而不從衆
遇到不錯的誘因就可能走向不同的路徑	能夠篩選、過濾掉不屬於自己應追尋的事物

行動清單

1 請按照此章「新世代的成功方程式」計算方式，估算自己在每一個項目所獲得的分數（先不考慮人際槓桿）。也可請你的另一半或好友計算看看他（她）們的分數，比較看看自己在哪些項目上獲得較高分？哪些項目獲得較低分？針對自己較低分的項目，列出三點改進方案。

2

列出自己「熱忱」最高的三至七種領域；再列出「能力」最有優勢的三至七種領域，然後看看兩者是否有交集？若有，那就是值得投注最多時間和資源的「天命」所在之處。若沒有交集，請以自己「熱忱」和「興趣」來導引自己找出「天命」，因為只要有足夠的熱情，加以投入足夠的時間，都足以產生新的能力。

3

列出自己曾經從哪些人口中聽到「這是規定」四個字？回想自己對這些人的印象是如何？如果自己不希望被他人以「這是規定」對待，請從此以後避免自己講出這四個字。

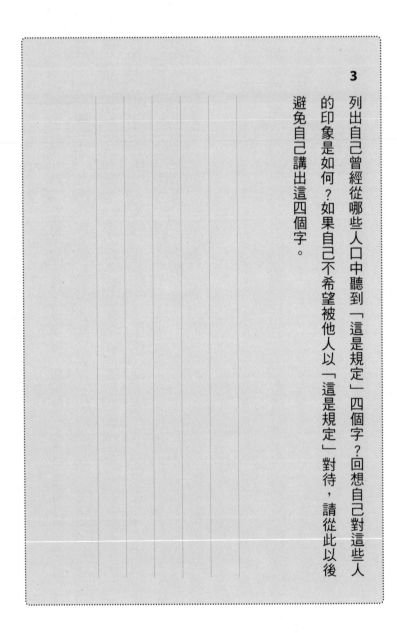

第 5 章

站對地方

• 人際網路放大成果的效益 •

獻給那位在寒冬中的捷運出口賣《大誌雜誌》的街友阿姨，讓我知道有人默默帶著佛心，在人間行菩薩道，卻不說。

「哥，整個西門町，為什麼只有我們三個人？」

這句話是我人生中的經典對白之一，當時是一九八七年的某一個周末，小學五年級的我第一次從台中來到台北，站在號稱當時全台灣最熱門鬧區的西門町心臟地帶「西門圓環」（後改建為西門捷運站出口廣場），看到空無一人的景象，真的「好不熱鬧」，我臉上難掩失望之情。

我哥那年十七歲，第一次來台北就勇敢帶著十三歲的妹妹（我眼中最時尚的姊姊），以及十一歲的我一起探險。清晨五點多就從台中縣郊區的家出門，趕往台中干城車站搭六點第一班客運，抵達台北市的時候才早上七點半而已，西門町怎麼會有人？

我哥說：「晚上這裡人很多啊！」當下放眼望去所有商店沒有一家開門，既然都來了，就決定花二十分鐘把幾條「晚間」全台北最繁華熱鬧的街道，在早上九點之前走一遍，然後再趕去「東區」。

當時「東區」對台北人來說是個相當新潮的代名詞（沒有這個行政區），中南部人是不會知道的；至於當時的「信義計畫區」，除了世貿一館在一九八六年率先啟用，其餘放眼望去，依然是整片田地和雜草。一九八九年，歌手王安妮推出《東區女孩》，唱紅了這個名詞，全台灣人才知道台北東區是時尚流行中心。

一九八七年的這一天早上十點多，我們三人來到東區，陸陸續續有些商店開門了，沿街聽到當時最火紅的「飛鷹三姝」（裘海正、方文琳、伊能靜）熱門歌曲，那個時代還沒有光碟（CD），潮店多以喇叭大聲播放廣播的音樂頻道，所以每一家聽到的都一樣。

所謂「十年河東、十年河西」，十五年後（二〇〇二年）我從研究所畢業踏入職場的第一份工作，就是在東區，那時整個信義計畫區就像紐約的曼哈頓，把台灣許多知名企業和人才都吸引過來。然而，再過十五年後的二〇一七年，東區愈來愈多的店面空置，西門町又再度成為最熱門商圈。「飛鷹三姝」三人後來的發展迥異，在伊能靜一九八九年推出第四張專輯《悲傷茱麗葉》後解散，伊能靜前往日本與中國這些較大的市場發展，擔任電影學院老師，出版十餘本著作，擔任導演及製片人，**人生成就屢創新高，因爲她在對的時機站對了地方**。

我聽過不少人感嘆懷才不遇，沒有貴人相助。但是，沒有站出來怎麼被看見？

要主動站出來，才能被貴人看見

開路靠前人，引路靠貴人，走路靠個人。前人將他們的智慧和經驗透過各種不同形式流傳下來（著作或文章、口述或演講、線上學習平台等等），我們所面對的許多問題都可以在其中找到解答。若想遇到貴人，自己也要累積一定的水準並抱持開放的心態，才能看見並且抓住稍縱即逝的機會；然而人生之路怎麼走，還是靠個人，這是每個人的抉擇與修煉。

ＴＭＢＡ第八屆社長林耕億對全體社員喊話：「**想要卓越**（outstanding），必須**先站出來**（stand-out）！」這句話震撼了歷屆校友在內的全ＴＭＢＡ人，在我腦中迴盪至今長達十二年。

在網際網路發達的今日，站出來只是第一步，還要站對地方。**人生最高效能的運作方式，是讓自己成爲人際網路的節點**，讓自己的努力（作品或服務）被放大到讓數萬倍的人看到並且使用；次之，則是擁有「身為人際網路節點」的戰友幫助你。很多人對於「站出來」心生恐懼，其實，不要想著是站到幾十人、幾百人「面前」去給人

圖5-1｜人際網路的節點以及超級連結者

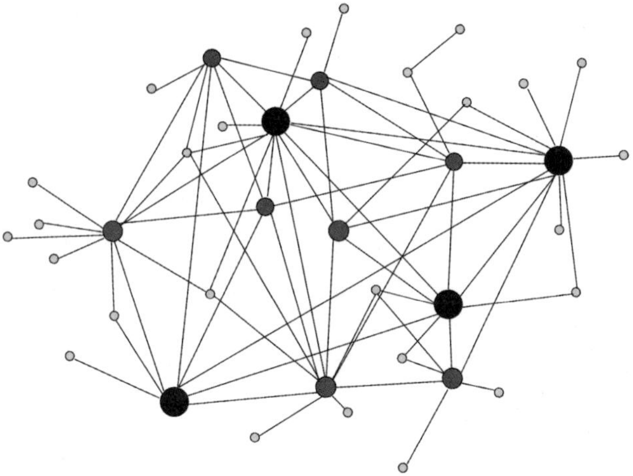

家指指點點，而是「**每天站在比原來的位置更往前一點點**」就行了。站在別人面前是表現型思維；讓自己逐漸往前站，是成長型思維；後者可以大幅減輕心理障礙、勇往直前。

二〇二一年一月二十三日週六早上，在台大那場「為你引路，從優秀到卓越」演講，開頭我介紹了當天一起參與的十多位貴賓，他（她）們扮演了人際網路的節點，將好的資訊快速傳遞給自己的數萬名粉絲或追蹤者，可稱為「**超級連結者**」。

如果想將自己的作品或服務推廣給更多人知道，除了透過媒體或公關公司協助（通常費用高，一般個人較難負擔），主動邀請不同領域的超級連結者一同參與，是利他共贏、低成本高效益的捷徑，因為他（她）們本身也需要不斷地透過各種曝光機會，擴大自己影響力範圍。

「我只是無名小子，他們不會理我。」

不少人這樣想，但這是個大誤解。卓越者都樂於找到主動積極、企圖心十足的年輕一輩，成為推升自己知名度和影響範圍的力量來源，他們不願理會的是「認為自己卑微、膽怯於跨出舒適圈的人」。我發表過的著作都熱銷上萬冊，但是收到陌生讀者主動與我聯繫而建立關係的人總是遠小於一百人。因此，只要你敢跨出這一步，基本上就是前百分之一的人。

建議你看過任何一本書（或付費購買任何一個人的作品），可主動發訊息或透過電子郵件，告知對方你有多喜歡那作品、從中有多少獲益，真誠地感謝作者。我用這個方式結識了許多台灣作者，甚至一些國外作者，與他們建立連結就是高價值的人脈。他們都**深知「鐵粉」的可貴，就像選舉時的「樁腳」，每一次發表新作品，就像選戰，他們要選票（消費者用鈔票來投票）就需要樁腳，他們很需要你這一票！**

只有意念認為自己卑微的人會導致卑微，意念積極上進的人沒有一個人會卑微。

你**若擁有強烈的上進心，周遭的人一定都感覺得到，這是隱藏不住、騙不了人的——因爲這是人類與生俱來的本能，而上進心也是內在原力發揮的另一重要關鍵**。

當你帶著強烈的上進心去靠近真正的強者們，他（她）們都會拉你一把，這是「吸引力法則」造成「菁英群聚效應」的自然法則與必然結果。

現在是個「拉」的世界，不能用「推」的

人際網路的重要性甚至可能超過實力表現本身，近年來有愈來愈多的數據證實了這個現象。《成功竟然有公式：大數據科學揭露成功的祕訣》所提出的成功第一定律：「你的表現為你帶來成功，但如果表現的優劣難以判斷，則是人際網路能為你帶來成功。」因為「成功的關鍵，不僅僅在於你自己或你的表現本身，更是在於人際、在於眾人對你的表現有何感受。」

在人際網路中展現出自己最好的一面，會吸引相同頻率的人看見、靠近，貴人往

往是這樣出現的。如果你的表現被「超級連結者」放大到人際網路的世界中，就會獲得「馬太效應」（是指好的愈好，多的會獲得更多的一種現象。來自於聖經《新約．馬太福音》中的一則寓言。）數位政委唐鳳說：「**在網路社群中，被大家認可的領袖，不一定是最聰明那位，而是對社群的內容貢獻最多的那一位。**」

專注力是相當珍貴的資產，必須用來創造使我們生活更加豐盛美好的事物，並吸引人們靠過來，這也是內在原力發揮的一種效應。不要將專注力用在對他人施壓，不僅無效，更會減損自身的力量。**你所耗費的每一點專注力，都用來提升自己，最後就會無敵。人們無法追上一匹馬，但可以把草皮養好，馬就會自己過來。**

在許多商店或公共場所的門把旁，往往貼著「推」（Push）或「拉」（Pull），你順著指示的方向施力，門就會開，但若不按照那個標示去做，根本開不了門，甚至會把門給弄壞。**現在的世界，就是一個「拉」的世界，不能用「推」的**，因為網路世界裡有無限多的選擇讓你的客戶想要什麼都可以買到，你用力推他們，會迫使他們遠離你，閃避到更舒服的地方去。內在原力就是一種典型的「拉」力或「吸」力。

亞馬遜公司（Amazon.com, Inc.）創辦人，也是二〇二〇年底為止的全球首富，傑夫．貝佐斯（Jeff Bezos）說：「品牌，是你不在時人們對你的評價。」你必須仔細思考這個問題：「為什麼其他人會想和朋友提起你？」應該就可以找出自己的「使命宣言」，這是個人品牌的核心，也是你用來建立事業版圖的最強武器。

你所尋找的，也在尋找你

如何發揮內在原力，透過「拉」的力量來強化個人品牌、提高在市場上的知名度和人際之間的影響力？以下舉一個最近發生的例子。

二〇二一年五、六月COVID-19疫情在台灣再度緊繃之際，讓原本就經營不易的紙本書報雜誌業者雪上加霜，《遠見》找上我，請我在網路上協助推廣該雜誌的訂閱。我回覆表示將願意無償地協助推廣，對方聽了高興不已，全力促成這次的合作！

我自一九九七年大三開始閱讀該雜誌，當時自己沒錢訂閱，所以是在台大的圖書館翻閱，並且把喜歡的文章用紙筆抄寫下重點。二十四年後（二〇二一年）《遠見》找上我協助推廣訂閱，因為事業經營者們都很清楚一個基本道理：必須尋找頻率相同的人來代言才會有效，也才能夠讓頻率相近的人產生共鳴。

為了此合作案，我寫了一篇自己過去讀遠見雜誌的經驗和心得，分享在我的臉書粉絲頁上。結果在沒有下廣告的狀況下，該貼文短短兩天內就主動觸及到四萬多人，有三百多次的轉發分享。這顯然並非用「推」的形式，而是一種「拉」的力量，透過喚起有著相同價值觀的人，產生相同感受，進而轉發分享該貼文，讓訊息被傳達到合適的人眼前，這就是內在原力的展現。

詩人魯米（Mehmed Rumi，1207-1273）說：「**你所尋找的，也在尋找你。**」（What you seek is seeking you.）人們與生俱來都有對於歸屬感的深切渴望，我們只要站出來，將我們真實的心聲在公開的平台上發表出來，自然會吸引和我們有相同理念與價值觀的人靠近，支持我們、加入我們，站在一起做些有意義的事情。

疫情是短暫的，絕對不會困住我們成為自己想要成為的人，因為意念會穿越時空、無遠弗屆。透過不斷努力，我們終其一生將會成為我們意念中想要成為的人——因為你所尋找的，也在尋找你，人們透過內在的原力彼此吸引，進而形塑出彼此更堅定的樣貌。

虛實整合的人脈網路最高效能運作方式

許多與業務或職場成功法則相關書籍都強調人脈的重要，有些屬於一個世紀以前美國石油大王洛克斐勒及鋼鐵大王卡內基富可敵國的時代（拿破崙・希爾《思考致富》這些經典之作的誕生背景）流傳至今的人際關係成功法則。然而，一九九〇年代網際網路興起，行動網路也在最近十年廣泛普及，我們必須與時俱進，將「實體版」的人際關係法則進化到「網路版」，才能夠在我們所處的這個新時代中發揮最大效能。

二〇二〇年COVID-19疫情肆虐，迫使許多國家轉變工作和學習方式，改採遠距辦公和線上教育，看似一種因應措施，但卻也是加速了人們進化到另一個層次。在這個「後疫情時代」的網路世界人際經營方式，較高效能是以下幾個方式：

1 建立一個網路社群

許多人有自己的部落格、臉書粉絲頁或Instagram帳號，然而，**眞正能夠養出鐵粉的地方是在社群**。目前臉書的「社團」是聚集最高頻率互動的場域，以及LINE群組、

Clubhouse或特定的網站社群（例如PTT網站上的幾個熱門分類版區），原因是人們不願意將個人隱私公開曝光，包括自己的留言，而私密性較高的封閉性社團才是能暢所欲言的地方，也因此能夠激起高頻互動。

創設專屬的社群並自己擔任管理者，是最能「養粉」的方式，可以完全決定整個社群的走向以及讓哪些人加入這個社群；若自己尚無足夠能力開闢一個社群，那就先加入多一些中大型社群，並且在裡面持續發表優質內容、積極與社員互動。通常只要待的時間夠久，你能持續產出優質內容，很容易與管理者結盟、做朋友，你也可以主動向管理者表達擔任版主的意願。

通常有了版主的經驗，將來設立新的社群就會有基本盤，但應持續在原有社團中參與貢獻、發揮影響力。一定要和原本參與的中大型社群管理者保持良好關係，以「利他共贏」站在同一陣線聚集社團人氣。網路資訊無遠弗屆，**多一個朋友就少一個敵人**，千萬不要讓原本社團成員認為你有背叛或分裂族群的負面觀感，流言蜚語不利於你經營新社群，甚至處理人的問題會拖垮你的精神和專注力。

2 主動發起活動

所謂的活動有各種形式，通常最容易獲得熱烈響應的是自己「偶像」的相關活動，如粉絲見面會、新品發表會、演唱會、簽書會或演講等等。基本上在自己尚未成名之前，舉辦小型（五至二十人）的活動並不難，穩定累積愈來愈多忠實支持者之後，再辦中型（二十至五十人）的活動，若沒有你一開始主動發起，根本不會有人為你發起，什麼也不會發生。

如果自己有部落格、粉絲頁或專屬網站，**舉辦實體聚會是凝聚向心力最好方式**，也容易使一般粉絲因為實體的接觸之後而成為鐵粉。舉辦的頻率不用太高（稀有更珍貴），但一定要有特別的主題，一個能夠讓參與者記憶深刻的活動，一旦內心被觸動了，就會形成有如量子糾纏般的效應，之後無論距離多遠，會每一次都想參加。

現代人多寂寞，期待參與「有意義」的活動，與自己志同道合的夥伴一起凝聚、對話，甚至呼喊，是增添生活樂趣以及紓壓的最佳解方。讓活動感覺是正向、有意義的，那麼就算有些粉絲無法親自出席，也樂於為你轉發分享，藉此擴大你的知名度和影響力。

無論是否有能力自行發起活動，請務必多參與相同領域或類似主題的中大型活動，因為那是在你尚未成名之前的最好觀摩機會（先觀察優秀的主角怎麼表演，將來換你當主角），也是熟悉同類型粉絲樣貌與偏好的最佳場合，順便結識志同道合的朋友。

所謂人脈，並不是看一個人在社交軟體上的好友數，或者抽屜裡蒐集的名片數目，而是**當你真心想做一件事情的時候，有多少人願意站出來一起幫助你實現？這才是有效人脈**。當我們主動站出來參與、幫助我們所關心的人事物，自然就會與人產生連結，這些是有效連結、有效人脈，好比「功率放大器」幫助你「增幅」影響力，你必須站出來做一些有意義的事情，才能夠找出這些有效人脈並且強化連結。

「天助自助者」是內在原力的基本法則

站在對的地方，也必須擁有正確的心態，才能贏得人們的尊敬與幫助；否則只是站著，人們也只是路過。

二〇一九年的冬天，某個週五的晚上十一點多，我經過一個捷運站出口遇到販賣《大誌雜誌》（*The Big Issue*）的街友，也因此得知有這一份雜誌，以及相關街友的故事。雜誌發行者是合格的社會企業，幫助無家可歸卻願意自食其力的街友們，可以透過成本新台幣五十元批貨，每本賣出收入一百元的方式，讓他（她）們可以靠自己的能力謀生。我遇到的是一位看來六十多歲的阿姨，在十二月的寒風中，賣《大誌雜誌》到深夜十一點多。

「阿姨，妳有地方可以睡嗎？」

「社會局有提供住宿的地方，但是在萬里區，我光是來回的交通費用就太高，不如在附近有附設座位的便利商店閉眼休息就好。」

「你沒有家人嗎？」

「我有小孩。原本我也有工作，但多年前工作上遇到好友出意外使腎功能衰竭，我決定割捨了一顆腎臟給她，順利救活了生命。然而，後來發現自己體味變重，公司的人也嫌棄我很臭，之後就沒有工作了。有一次在租房子的地方，樓下有一對新婚夫妻因為經商失敗而需要生活費，他們跟我借錢，於是我把一條金項鍊借給他們去典當，說之後有錢再還我。沒想到，隔天那對男女竟然悄悄搬走，問房東才知道是蓄意詐騙，但他們已經消失無蹤。」

「您的小孩不知道你在這裡嗎？」

「我躲著他們，小孩的經濟狀況也不算太好，去找他們只會連累他們。」她說完潸然淚下，我不太會安慰人，就只是陪著她。

「您每天在這邊賣到幾點？」

「按規定只有每週五、六、日我可以在這邊賣，我都賣到半夜十二點之後，確定沒人了才離開。」

那一次我將她手中僅剩的四本《大誌雜誌》買下來，並且跟她說，隔天我會再來買十本。隔天晚上十一點我再度出現，她說早上批貨二十本已有賣掉一些，我再度把剩下的全部買下來，說我共需要五十本，還缺三十多本，所以她隔天又去批貨賣給我。從那時候起，我偶而經過捷運站遇到她，都會跟她買《大誌雜誌》，剩幾本我就買幾本，她每次見到我都好開心。

「天助自助者」的法則是內在原力之所以能夠吸引他人來幫助我們的主因（宇宙透過人們來出手，但有所選擇）。我們永遠不會知道，出現在我們眼前的求助者背後完整的生命歷程。但是只要記得「天助自助者」，優先幫助那些願意重新站起來的人，就是順應天道、借力使力，可以發揮出最大效益。

閃避人際關係中的黑洞，成為他人的恆星

現代科技發達也使得人和人碰撞的頻率變得非常高，碰撞可能產生好的火花、激發新的創意和能量；但也必須避免自己的能量給人際網路當中的「黑洞人」吸走，那是所有物質和能量有去無回的角落，連「光」也逃不了，都會被吸進去。

職場工作者很容易遇到某些同事不把我們當夥伴，甚至蓄意侵占他人地盤。當我們帶著「利他共贏」精神與這些人共事，發覺能量不斷被吸走，讓自己感到空虛甚至懷疑人生時，就必須與之保持一段距離。我們身處的銀河系當中就存在不少黑洞，它們的質量大過太陽數百倍到數萬倍之間。若非保持一段距離，就算我們是太陽也會被吸走，而讓整個太陽系遭遇生態浩劫（你的家人首先遭殃）。

若不幸和「黑洞同事」處在同一場域，最好的方法就是與該空間中「更大質量恆

星」保持良好的互動關係，根據萬有引力的自然法則，你不但不會被黑洞吸走能量，甚至還會獲得更多的能量，被牽引往更大的軌道前進。往光明的地方靠近，黑暗會自動減弱，這個宇宙還是由大質量恆星所主導的宇宙，**這個世界還是由善良的人所主導的世界，你不用怕沒人可以依靠**。

回顧我將近二十年的職場生涯，常扮演工作場域中的「大質量恆星」角色，穩定地發光發熱，提供溫暖並幫助周遭的同事。擔任義務役人事官近兩年期間，我成了上級（指揮官）的英文老師，在他調任新加坡擔任駐外武官前半年，我每周二、四晚上教他英文，在送別會中，他當著大家的面對我稱：「我的老師！」——儘管只是幕僚團隊裡最資淺的少尉人事官，卻贏得大家的尊敬，因為我總是助人最多的那一位。

深知自己只是軍中的「過客」，兩年的役期（扣除掉以前軍訓課，實則僅剩一年十個月）就當作學習之旅，看看自己有多大能耐將人們口中說的「浪費兩年生命」轉為「活出最好的極限」。如果有記功嘉獎、被上級表揚的機會，我讓給那些真正以軍職為生涯的志願役軍官；如果有遇到鳥事需要有人背，我就主動多認一些錯、多承擔一些，避免同僚們被指責或懲處。對我來說，軍中的記過或警告都比不上我國中二年級那年的大過、跪著上課。我是一位義務役人事官，但卻將職業軍官同僚當真正的朋友在結交，極盡「人和萬事興」的最大可能性。

關於助人，在我們日常生活中，尤其在網路上一定會遇到來自四面八方需要幫忙的求助聲音，如何判斷自己是否該涉入？我們不可能「全部」都幫（淪為濫好人，甚至陷入黑洞），該如何取捨？以下是我建議的思考方式：

1　能否「相對有效」提升自己？

上天給人們無窮的機會，卻是有限的時間，這代表要人們學會取捨。幫助任何人事物或多或少都會提升我們自己——在實質面或心靈層面；然而，必須妥善配置時間在「行善組合」來達到效能最佳化。沒有任何一位慈善家會將畢生累積的財富捐給少數幾個人，而是愈多人愈好，**因爲影響力會擴散，進而引發將來社會中更多的善行**。既然金錢的配置上是如此，時間的配置更應該如此——因為時間是比金錢更寶貴的資產。

必須比較「相同的時間用來從事不同善行的效益性」高低，這就像是經濟學上的「**比較利益法則**」，有些慈善公益活動比較需要的是資金（捐款），有些則是需要出力或者花時間，我們必須衡量當下自己可用資源的多寡，**善用我們的相對優勢，把資源投入在較大影響力而且占用個人成本相對低的地方**。這樣能讓眾人所組成的行善團體產出最大的綜效，提升整體社會福祉最多，也同時提升個人心靈上的富足。

2　是否屬於自己的「天命」範圍？

如果屬於你天命相關的人事物，就算選擇視而不見，在夜闌人靜的深夜裡或睡夢中，也會聽見自己良心不安的聲音在譴責自己，或在事後再度耳聞相關人事物時，帶著些許遺憾，彷彿是靈魂有空洞沒有被填補。這是「自我實現」的需求，超越了金錢或物質面的計算，所以就算代價高也值得你去做。

我小時候養過母狗，生下許多可愛的幼犬，因為疏於看顧，有一隻跑過馬路被車子輾斃，是同胎六隻幼犬當中，我最愛的那一隻純白潔淨的小狗。從我開始有工作收入的第一年，就持續捐助流浪動物之家等相關團體，至今從未間斷。無論以何種形式幫忙，照顧小狗、小貓，成了我天命的一部分，我也從中獲得極大的幸福感以及療癒他人的力量（**能夠療癒自己者才能療癒他人**）。

普通人常見設定	發揮內在原力的設定
市場熱門什麼，就參與什麼，但往往都是在趨勢潮流的高峰處才加入	主動前往新趨勢或潮流的發源地，去感受並體驗新商機產生的過程，藉以刺激自己的創造力與敏感度
想要努力把好的產品或服務推薦給別人，靠「推」的力量	透過社群媒體或人脈網路建立屬於自己的優質形象與口碑，讓人們被吸引過來，是「拉」的力量
認爲自己尚未成名之前只是無名小子，覺得成功人士不會理會我們	認爲自己有能力可以幫助成功人士做出一些貢獻，因此會主動接觸欣賞的人
無法選擇自己幫助的對象，而讓自己疲於應付	透過「行善組合」來達到最佳化，也因此接觸到更廣泛人事物

行動清單

1 列出最近你所觀察到的幾個新崛起趨勢或潮流，若自己敏銳度不夠，可以問問周遭比較愛「嘗鮮」的朋友。儘管這些新崛起的事物普及率還不高，但你應該要親自去了解或體驗一次看看，不用花很多時間，但對於刺激你的創意和想像力會很有幫助。

2

找出幾個你有興趣的領域相關中大型社群，可以請比較活躍於人際網路的朋友列給你一些建議。然後加入這些社群，看看裡面的人是如何互動？管理者是如何經營管理該社群？從中觀摩學習，為自己將來自建社群累積更多基本功。

3

列出五至十個你看過讓你印象深刻的作品（不拘形式），找出對方的聯繫方式，主動發訊息或透過電子郵件，告知對方你有多喜歡那作品、從中有多少獲益，真誠地感謝作者，與之建立聯繫。天命往往是從興趣開始，透過這些接觸，有可能開啟你人生另一扇門。

第 6 章

無限思維

‧ 生命是長期而持續的累積 ‧

獻給清華大學動力機械工學系榮譽退休教授彭明輝先生，感謝你幫助了許多陷入困境的年輕人，做出正確的抉擇。

圖6-1｜電視新聞播報著賈伯斯逝世的消息

二〇一一年十月五日，當時我在美國總公司輪調。有一天晚間吃著晚飯看著電視，沒想到，螢幕突然插播一則令人震驚的消息：賈伯斯去世了！我在餐桌上不停地流淚，淚水滴進晚餐的盤子裡。

我用手機拍下了那個電視畫面，貼在臉書上。那一刻，有好多台灣的朋友是在上午的上班時段和我一起哀悼，我們在地球的兩端，但此時心卻緊緊繫在一起，一起哭泣。這是一種內在原力的共鳴。

我擱置泡了淚水的晚餐，打開電腦，寫下了這一篇文章：

悼念蘋果創辦人 賈伯斯（Steve Jobs）——談工作與天賦

二〇一一年十月五日美東時間晚上七點多，CNN新聞台開始報導蘋果創辦人賈伯斯去世的消息……

持續三個半小時不斷，彷彿全世界新聞都暫時停止了，一起在悼念這位蘋果創辦人、科技業巨擘。

有學弟妹問我，人生的第一份工作，找好的職務比較重要？還是好的公司？還是好的老闆？（倘若無法兼得的時候，何者先考慮？）

我多麼想引用賈伯斯曾經在演講中的一段話作為參考：

「生命短暫，不要浪費時間活在別人的陰影裡；不要被教條所惑，盲從教條等於活在別人的思考中；不要讓他人的噪音壓過自己的心聲。最重要的，有勇氣跟著自己的內心與直覺。」

我從自身的人生經歷中發現，他說的是對的。

在我二〇〇二年六月順利從台大商研所碩士班畢業的時候，找工作並不順利，

因為當時正值二〇〇〇年科技泡沫之後緊接著兩年多的景氣衰退，
而二〇〇二年恰好是谷底，各公司多半仍是遇缺不補，
有些則仍在縮編、裁員。
幸與不幸的，我在當時踏入職場。
履歷投了幾家公司，
然而，除了論文指導教授有幫我推薦的一家公司之外，
沒有其他任何一家公司有回音，毫無面試機會，
而我那唯一有面談機會的公司，就是我目前所服務的公司，
至今已經邁入第十年，這是我第一份工作，
也仍是目前我最後一份工作。
為何說是「幸與不幸」？
不幸當然很容易理解，我從起薪不到新台幣四萬元的業務開始做，
可能對某些台政大ＭＢＡ畢業生來說，
向別人講自己這樣的起薪會是一種恥辱，

但我現在想說的是，十年後來看，

如果我因為那個數字或業務性質工作而沒有接受我的第一份工作，

我不會在三十五歲那一年代表台灣子公司在這個擁有一百三十五年歷史的集團母公司中，

輪調了幾乎所有的事業單位和子公司，

與各單位的中高階主管有長達半年的一對一對談，與從旁觀摩學習的機會。

過去這四個月期間，我有將近四百個會議、認識近四百位集團總部的同仁，

這些都是在我接受第一份起薪不到四萬元的工作時無法預知的。

幸運，是因為從二〇〇二年景氣谷底進入職場，還有什麼能更壞呢？

熱情和興趣引領我在金融投資和行銷領域持續鑽研，

我後來在二〇〇九年順利當上公司最年輕的一位主管。

如果，我是在景氣最好的時候進入市場做業務，我會賺到很多錢，

因為客戶都會自動把錢送上門來進行投資，不用你說太多，

但後來你要升遷就會很困難，

因為那些拿著大筆鈔票興高采烈進入市場的人，多半現在都套牢，不會有人覺得你做得好，你可能短暫會有錢，但卻沒有官運。在二〇〇二年這種景氣谷底進入市場，賺不到錢，但可能會賺到升遷的順利。

你無法預先知道，你整個會得到的比別人更多？還是比別人更少？唯有你事後來看才能夠知道。

如果你事前就想要把一切算得很精、起步就要什麼都贏人家，其實可能是浪費生命在不該過度精明的地方。

找到自己天生在某些方面比別人更有相對敏感度，且會有熱情願意投入的領域，那才會事後來看獲得最多……

這就是讓天賦自由！

此時回顧那一篇近十年前所寫的文章，可以看到有許多內容在此書不同章節出現。人生所有的一切都在累積，**生命本是一個持續不斷累積的過程，也是一個不可能**

持續順遂的歷程，可是絕大多數人都忘卻，或者輕忽這一點。**當我們檢視世界上所有超凡卓越者的成長歷程，一再地發現：沒有奇蹟，只有累積。**

在我大學時期，清大彭明輝教授紅遍網路的一句話：「**生命是持續而不會間斷的累積過程，不會因一時的際遇而毀了一個人的一生。**」幫助了許多年輕學子們走出困境（尤其是課業、感情方面），更樹立了「無限思維」的典範。

人世間所有的相遇，都是久別重逢

我對「無限思維」的職場體驗始於一九九八年。在我擔任義務役人事官期間，從新兵訓練中心帶了一梯又一梯的新兵進來部隊，他們帶著各種不同的天賦與專長，都不是我給予的（甚至不是來自父母，天賦就是上天給的），我只是陪他們來到軍中這個「小世界」的「使者」。在軍中，我不會時時看顧他們，但是在重要的事件發生時（如獎懲、選訓、升遷、婚假等）我會參與、見證，或在簽核公文時獻上我的祝福。

我心中自知，同樣都是服兩年「義務役」的役期，我比他們早來到軍中，就意味著我會比他們先「離開」，我送走的都是比我早來到這個小世界的人，而有一天我也會被我帶進來的人們送離開。每個人都只是來這一趟的過客，我們需要認真嗎？

是的，我是認真的。我是指揮官底下十多位幕僚團隊裡唯二的義務役預官，然而，我從入伍前就沒有打算要在軍中「浪費兩年」，而是要挑戰自己所能做得最好的極限。我有幾位部屬，包括營級和連級負責「人事行政相關職務」（在軍中簡稱「參一」）的軍官、士官、兵，我年紀未必比他們大，所以並不把他們當作下屬，而像朋友、夥伴一樣，平等相待、開心共事。

退伍多年之後，有一天晚上我在台北市松山車站附近的「五分埔商圈」逛街，遇到了兩個人喊我「人事官」（雖然我們都早已遠離那個世界），他們很興奮地和我聊以前的事，請我吃東西，感謝我在軍中的照顧。那是我退伍回到台大讀完研究所畢業離開，進入職場之後大約又過兩年的時間了，但他們都仍然記得我。

我比他們早離開軍中那個「小世界」，在下一個更自由的世界裡重逢，每一個人在不同的階段都可能會再相遇。

我在二〇〇二年七月由指導教授的推薦，進入民間企業做第一份工作，迎接我的是公司人資經理岳豫西女士，她給了我人生第一份聘書，我一待就是十二年，她一路看著我成長並且參與我人生中最重要的許多事件。當我轉職到下一家公司時，她已經是新公司的人資副總，給了我第二份聘書，並在二〇一八年初我要前往另一個更自由的世界時，她送我離開。

我恍然發覺，我在軍中那個小世界裡擔任人事官為他人所做的一切，來到職場這個更大、更自由的世界裡，**有人爲我做了相同的事情，而且十倍奉還。上天的安排，都是最好的安排，讓我們所付出的都以不同形式回到我們自己身上，人們往往要事後回顧時才能明白**。

人生就是一趟平均長度約八十年的旅程，我們都是過客，但也可以測試自己有多大的能耐，活出最光輝、動人的一個版本。**一個人在人脈網路中的地位不是取決於階級，而是能夠幫助多少人、發揮多少正面的影響力**。當有一天，我們回顧這一趟旅程時，不要悔恨自己做了哪些不好的事情、沒做哪些好的事情，因為我們都曾有選擇。

如果你不知道如何做出每一次最好的選擇，只要記住這個心法：「**以希望自己被如何對待的方式來對待他人**。」就是最好的選擇。待人如已，這樣就是真平等，而且威力強大，值得你在人生的每一階段旅程當中去親自驗證。**在你致力於實現眞平等時，你會因而成爲人上人**。能夠待人如己的人，都是內在原力非常強大的人。

在我的職場生涯中，每年都提供給學生們暑期實習以及一年制的工讀機會，再加上我僱用過的正職部屬，累加起來已超過百人；我在這個稱作「職場」的旅程中，迎接了不少職場新鮮人來到這個世界，也送走了不少人退休離開；**在迎來送往之間，幫忙渡了許多人，然而，最終回顧時才發現，是渡了自己**。我在四十二歲的年紀獲得財富自由，可以做自己真正想做的事情，比常見的退休年齡早了二十年。職場只是一個小世界、一段旅程，沒有人會永遠待在那個世界裡。**待人要更好，因爲那是渡自己的正道**。

程淑芬女士是我在職場上遇到的另一位「大質量恆星人」。在我進入國泰金融集團時，她擔任國泰金控的投資長，長期在台大管理學院開設實務課程，並且努力在台灣倡議ESG（Environmental, Social, Governance，環境、社會、公司治理），她被《機構投資人》雜誌（Institutional Investor）遴選為「二〇二一全球投資管理五十位頂尖女性」。

在職期間我有幸與她站在同一陣線為ESG倡議，有一次我跟她說：「將來比較有空時，我們一起來寫一本和ESG有關的著作！」但工作繁忙就沒提筆。我離職前幾個月，在集團內對所有高階主管作大型簡報，她就坐在我旁邊，給我加油打氣，那場簡報談了不少我們公司在ESG的實際貢獻，獲得不少掌聲。她曾受邀至TMBA擔任投資競賽的評審，也是不少台大管理學院學生們心中的貴人，作育英才無數。她有一句話讓我銘記在心：**「用自己的蠟燭點亮別人的蠟燭，可以照亮別人，自己的亮度也不會減少。」**這就是大質量恆星人的最佳寫照。

我由衷感謝兩位職場中的貴人，岳豫西女士與程淑芬女士，她們扮演了大質量恆星人，溫暖了許許多多的人。如果你在職場上因為人際關係而感到失望、孤單，切莫自怨自艾，請努力找出「恆星人」，他（她）們就像太陽一樣無私地發光發熱。**地球並不需要靠太陽很近，但只要持續面對太陽，就可以獲得無窮的能量。**

許多人錯估了「終點線」，誤把貴人當敵人

如果人生真是個無窮無盡的旅程，那麼有所謂的終點嗎？終點線在哪裡？我認為

當今職場上許多人過得不快樂，有兩個主要原因：自己是為了薪水而工作，以及來自職場的壓力（包含負能量同事）影響了自己的情緒。

我常問人說：「如果你財富自由了，還會繼續在這裡工作嗎？」多數人的答案是否定的。因為財富自由之後會優先做自己「真正想做的事情」，例如：環遊世界、實現夢想，或者無償地做志工幫助他人，通常都不是目前在做的工作。說白了，要不是有經濟壓力、為了薪水的考量，許多人並不是真心想要在現職，上長長久久的班。

我比一般職場上班族提早「畢業」（不是被職場退學，而是連續跳級順利通過職場考驗）。當我進入到了身心靈皆更加自由自在的世界裡，回顧自己在職場將近二十年的日子，我有哪些後悔的事情？

非常少後悔，但有一件事我認為極具挑戰：如何避免在競爭過程中無意間傷害到同事。「考績等第的強制分布」或「部門年終獎金的分配」等制度必然使同事之間有競爭，從我踏入職場的第一年直到最後一年，我幾乎都是拿「特優」考績，這對我個人來說是「天道酬勤」的一種肯定。但如果一個部門不多於十個人，意味著「特優」只會有一位，與我共事的人彷彿沒有機會，不過這還是有解的。

由於我拿到較多的獎金，也因此平時總是對同事最好，常常請大家喝下午茶，我結交同事當好友，遇有結婚或生小孩時我包的紅包通常也是很大包的。相較於考績等第，每個人更在意自己人生中的重大事情發生時，有哪些人站出來幫助自己，並將對方視為「自己人」。

我能給職場工作者最好的忠告，就是在努力不斷精進自己、追求績效的奮鬥過程，也須不斷提醒自己「利他共贏」，可以攜手一起向上爬升，不需要踩著他人頭頂才能往上爬。周遭的每一位同事都是為家人在奮鬥犧牲，每一個人都是家人眼中最好、最重要的人。**當我們永遠記得用他（她）們家人的角度，來對待工作現場的每一位同事，如此，周遭都是家人，沒有敵人**。這是讓自己遺憾最少的一條正道，不容易走，但很值得奮力一搏。

職場上的競爭並非全然不好；「良性競爭」對於創造整體績效、提升每一位成員的實力大有幫助（往往也將整體部門的年終獎金變成更大一包，先把整塊餅做大再來分的概念），為了競爭而出現不當行為才是壞的。我很感謝高中的王錫祺同學，從高二開始分「類組」與我同班，他一直是班上第一名，有他在前面「帶頭」，我高三上學期首次擠進全校前二十名；高三下學期第一次月考，我和他同分並列班上第一名（全校前十名）；接著第二次月考竟然又和他同分並列班上第一名（全校前十名），直到最後一次月考我超越了他（我進到全校第二名）。但我並沒有特別感到開心，而是有一種感傷。

往往被我們視爲「競爭對手」的同儕，才是人生當中最重要的貴人。每個人都需要「可敬的對手」，不要誤把貴人當敵人。他們可以激發我們原本以為自己沒有的潛力，提供我們向上的動力。王同學就是我高中時期最重要貴人，我至今無限感激！

許多人都錯估了終點線。和我們在賽道上一同前進的夥伴才是最可能激勵我們的人，拉升我們到更高的人生軌道上繼續前進（人生的賽道不是直線的，而是一層又一層的提升，是無限的）。

許多宗教都同意靈魂是以不同的方式輪迴與存在著。我們所做的一切、遇過的人、所有的體驗，都成為永恆的靈魂成長軌跡，決定我們最終會到哪裡，甚至沒有終點線。切勿帶著「有限的思維」在人生不同階段做出短視近利的抉擇，因為**當下的旅程是短暫的，但是靈魂的印記卻是無限而永恆的**；切勿心存僥倖而做出有害他人的事情，因為在夜深人靜的睡夢裡，靈魂的不安與愧疚感是我們無法抗拒和抹除的。

現代有些上班族仍懷著部落時代的二度空間思維，將據地為王、擴張版圖作為事業成功與否的象徵，這是「有限的思維」，**人生只會留下足跡，但靈魂的高度卻不會累積**；新時代的職場，廣泛建立在網際網路無遠弗屆的不可見世界，是跨越地域空間限制的，需要的不是足跡，而是無形的影響力累積；現代商業愈來愈朝著無實體化在演進，這個世界比的是影響力的深度和廣度。

我們人生中所有的經歷，都是心靈提升的機會，幫助我們爬上一層又一層無限向上延伸的階梯，看到的不是一片一片的版圖，而是一個又一個愈來愈自由的世界，有如遼闊而優雅的宇宙，是無限的。我們都應以「無限的思維」取代「有限的思維」。這是可以讓我們身心靈皆能獲得安定的正道，也是我們永恆的歸宿所在。

人生要成功一定要有作品，代表作是不期而遇的

生命的長度彷彿是上天決定的，但要活出多大的寬度，卻是我們自己可以選擇

的。每一個人都可以選擇跨出自己舒適圈（或同溫層）去體驗更廣大的世界，也可以擴大自己的舒適圈去包容更多的人事物進來自己的世界。然而，生命的長度真的是上天決定的嗎？

台灣知名畫家陳澄波先生享年僅有五十二歲（逝於一九四七年，為二二八事件受難者）。我原本並不知道他的生平故事，光看他的作品之豐富、影響力之深遠，誤以為他是活到近百歲的人呀！因為作品會延長了一個人生命的長度，持續散發著力量，影響著世世代代的人們。

北京故宮博物院收藏一幅《千里江山圖》，是北宋王希孟在十八歲時的創作，長約十二公尺，寬有半公尺餘，氣勢磅礡，被認為是北宋代表巨作，與張擇端《清明上河圖》齊名，等級之高，勝過唐代所有山水名作。儘管王希孟得年僅二十三歲，卻揚名近千年而不墜。**人會來，就會離開，但作品會被留下來**。

一定要先有作品、累積作品，成就都是長期累積而來。日本經營之神松下幸之助曾經有一場演講，提到偉大的企業必須要有「水庫的思維」；當時演講台下數百位企業主都摸不著頭緒，心想就是沒有水庫所以才來聽松下演講啊。但松下堅持要大家想辦法先擁有「水庫思維」、造出水庫。我認為，不要說自己沒有作品，一定要想盡辦法先創造出一個作品，然後有第二個作品、第三個作品，直到有一個代表作；就算沒有代表作，生命是一個長期而持續的累積，只要越過某個臨界點，就會有影響力。

所謂作品並不拘形式，創業家們所成立的公司就是他的作品；一個人在職場上付出努力所創造的口碑就是他的作品；一位老師傳遞知識給學子們，學生的智慧便是老師的作品；身為父母的人以身教方式教育自己的小孩成長，子女的品格就是父母的作品。

許多全職媽媽們心裡苦，卻找不到救贖，因為每天都將全部心力奉獻給了小孩和家庭，根本無暇再顧及自己，哪能還有什麼作品？**家庭主婦們的付出，難以用金錢量化，然而子女的成就、家庭的幸福美滿，遠大過了金錢價值，這就是最好的作品**。一位已從護理師職務退休的好友盈喬，在聽完我在台大「為你引路，從優秀到卓越」演講之後，發表了一篇很令人感動的心得文章。以下是經由其同意所節錄的一段文字：

「很多全職媽媽／爸爸或多或少都有低潮迷惘過，家庭主婦的成就在哪？但一個家庭和諧運作是需要經營的，這需要智慧也是一種能力（燒飯做菜、家事、相夫教子不容易呢！）好好地教育下一代也不容易，這也需要家庭主婦不停地進階學習，修正自己而來，每一個人的存在都有價值！愛大給我的啟發是不去自怨自艾追求沒有的，珍惜現有的並持續努力，所以在聽演講的當下第一念頭就告訴自己，寶貝兒子強仔是我的作品，他延續了我們的精神，並且給了我們要持續努力的動力，所以這個作品會愈來愈好。好好地教育下一代，有時候搞不清楚是我引導孩子什麼？或是先生做了什麼？還是孩子啟發了我什麼？其實，我們都是彼此的作品。」

別再說自己沒有作品了！人人都可以有作品（我們聽完一場演講，或看完一本著作所寫下心得文章，也是作品）。**我們永遠不會預先知道，將來哪一天、哪一項作品會被人們喜愛，成爲我們的代表作**。請你就先從創造第一個作品開始吧。

人生中所有的經歷，從終點回顧時都是甘甜的

好好珍愛我們生活中的每一天，無論是如意的、不如意的，都是屬於我們的日子，勝過沒有我們的日子。那些**成功的經驗、失敗的經驗，都是人生經驗，讓我們老的時候可以拿來跟子孫們訴說的經驗，勝過無話可說**。

我的阿嬤很長壽，儘管兩次的中風，都沒有輕易讓死神在意外發生當下帶走她的生命（我知道她生平幫助過很多人，因為那些故事流傳了下來）。儘管她晚年已經無法自由地行動，但她活得比我見過的多數長輩們都還要健康。記得我小時候，父親常帶我們回彰化鄉下看阿嬤，每次都看到她年紀大了還常常做粗工到很晚，手腳都腫了卻都不肯休息。父親總是唸說她一生勞碌命，彷彿就像苦了一輩子那樣可憐。然而，她有覺得人生可憐嗎？還是可愛的？她真的感覺苦嗎？還是甘甜的？

我知道，因為我是高敏感族群當中更極端的「共感人」，因此很能感受他人內心的感受。在她生命的最後一段旅程，是從病房被載回到好幾年沒有回去的家。當救護車的擔架抬著她，進到家門之後的那一瞬間，她臉上露出開心的微笑，緩緩吐出了最後

的一口氣，之後便滿意地離開人世。

她人生最後幾年臥床，在不能自主甚至動彈不得的歲月裡，過去所有酸的、苦的，最後在自己唯一能自主的——也就是「回憶」裡面，都是甘甜的。那些在太陽下炙熱的、深夜裡寒冷的經驗，最後放在心裡都是溫暖的。

我們永遠不會知道，幸福和意外何者先至。好好珍惜在這個世界上的每一天，用心給這個世界溫暖。有些人、事、物我們會錯過，多半是因為我們的心不在焉。**從人生的終點來看，「過錯」總比「錯過」好**。《原則》作者瑞·達利歐（Ray Dalio）說：**「成功固然比失敗好，但失敗卻比平庸來得好，因爲失敗的經驗至少會爲生活帶來新滋味。」**

將來我們老了，那些令人瞠目結舌、不可置信的經驗，就算是愚蠢的、白目的，事後成為人們口中述說的故事時，都是動人的。你手上的這一本書，就是我和幾位我人生中的啟蒙者們共同的故事，也是要留給子孫輩的作品。如此，便不枉此生。

普通人常見設定	發揮內在原力的設定
太在意別人的想法，蓋過了自己內心的聲音	傾聽、發覺自己內心的聲音
認爲人們不是平等的，因爲表現的差異而使得地位有別	以希望自己被如何對待的方式來對待他人
「有限的思維」：認爲整個世界的資源是有限的	「無限的思維」：認爲整個世界的資源是不斷被創造出來的
害怕過錯、害怕失敗的痛苦，因而較少願意冒險跨出每一步	勇於嘗試，不斷從失敗的經驗當中獲得新的想法與新的體會

心態設定

行動清單

1 問自己「如果財富自由了，會想要做哪些事情？」寫下來，並且從中挑出有哪些是現在就可以開始做的，請列出一年計畫、開始進行。因為我們永遠不會知道幸福和意外何者先至？許多人總是想等到財富自由了之後再開始做一些事情，後來人生結束了卻都沒有開始。

2

列出自己目前可以開始著手創造哪些作品？不拘形式，可以是讀完一本書籍或參加一場演講的心得感想文章，也可以是幫助好友們一同完成的作品，或者你現職上受你影響的人事物，都算是你一部分的人生作品。列出一個月、三個月、六個月，至長一年的計畫，然後開始著手進行。

3

列出自己目前有在做的行善包括哪些？無論是財布施（以錢財或食衣住行等幫助弱勢者）、法布施（傳遞知識和智慧）、無畏布施（幫助他人免於恐懼）等，不拘形式，再列出未來一年打算做的。若你都未曾做過，那麼就從順手捐發票或零錢開始，這是最簡單一定辦得到的事情，重點不在於金額或影響力大小，而是滋養自己的慈悲心，愈早開始灌溉，愈能夠養出好氣質。

第 7 章

沒有壞事

• 找出壞事背後隱藏的好事 •

再次感謝我的父親，他給了我兩次的生命（我的誕生，以及七歲溺水時將我救回來），並且在我摔斷雙手之後純然地接受，連一句責備或抱怨都沒有。

這個世界在逐漸變得更好的路上。儘管路不會是一直線，但方向明確，如果糾結在每一天的得失，那麼心情難以安定；如果將時間軸放大到人類近兩千年的歷史來看，就會是持續穩定上升的一條直線。**世界變得愈來愈好，這是眞確；認爲沒有壞事，則是信念，這樣的信念幫助許多人在通往成就的道路上減少很多阻力，並獲得強大助力**。信念的強弱，也大幅影響了內在原力所發揮的力量。

我對於「沒有壞事」這個信念的體悟，始於國中一年級。因為玩跳高意外導致雙手骨折，右手下臂兩根骨頭都斷掉，左手則是斷一根。因此，雙手都被固定起來不能動，白天一個人在家裡出不去，於是用雙腳練習寫字。當時右腳的表現顯然比左腳靈活，因此，每天用右腳練字以及靠右腳處理生活中的大小事，成為我人生中相當獨特的一段體驗，也因此讓我受益良多。

父親放了一顆足球在客廳讓我無聊時自己踢球。老實說，「一人足球」不可能滿足一位國中生對於生理刺激的所有需求，因此，我用雙腳的指頭打電動。某天，我更換「任天堂紅白機」的遊戲卡匣時，腳出力太重，「啪」的一聲把推桿踹斷了，讓我無法再靠自己換卡匣，所以只好把同一款遊戲玩到破關，等晚上家人回來再幫我更換。那時候，我理解到人的潛能真的是無限。有人說：「**四根琴弦就算斷了兩根，厲害的音樂家還是可以繼續演奏**」是真的！

當時右手斷得太嚴重，初期幾個月內完全不聽使喚。學校當然沒有針對「骨折生」考試有任何特殊待遇，因此我不得不靠較早復原的左手去學校應考。平常成績最好狀態可以考到班上第十五名，那次以左手應戰（讓一隻手），把右手背在胸前，左手包著草藥寫字，還能考到第二十八名。各科的閱卷老師之所以看得懂那些字，並非考驗老師們對文字的想像力，而是因為我左手開始能握筆之後就天天練字，通常雙手健全的學生除了考試和寫作業以外，是不會練字的。

更神奇的事情發生了。為了短時間內加速讓左手發揮到以前正常雙手並用時的所有功能，我必須天天密集訓練左手去挑戰各種運用。根據腦神經科學，左手與右腦有高度連結，積極的左手訓練會強化右腦神經系統發展，尤其在偏感性、創意、美學、抽象化思考方面，也使得我這天生的「理工人」獲得了感性與柔性方面的補強（因為雙手骨折也讓我長達近一年不能做任何劇烈的球類運動，而改以靜態活動為主）。若要說今天我能夠寫出一些理性與感性兼具的文章，國一那年左手的密集自主訓練與刻意練習，絕對是功不可沒。

在雙手骨折後的另一大收穫，是我和父親之間的關係更加親密了。從我學齡前一直到國中，父親經營的事業相當忙碌，讓他很少有機會和我獨處。由於骨折需要密集看醫生、復健的關係，每兩、三天就要專程開車從台中載我到彰化的一間知名接骨診所進行檢查、換藥，來回就是兩個小時，偶而還會繞道去吃宵夜，他就整晚陪著我了。

我記得有一晚去回診換藥，回程的車上和我的互動。父親知道我的右手遲遲無法作用，不免替我感到委屈，問我：「右手的指頭開始可以動了嗎？」

我答：「還不能動，但是感覺它是屬於我身體的一部分了，剛開始整隻手彷彿都不屬於我。」

我從後照鏡中看見父親的眼神有點落寞，於是我再跟他補充：「之前右手完全失去知覺，現在漸漸開始有感覺了。爸爸，謝謝你陪我。」

他聽完，落寞的眼神就瞬間消失了，轉而微笑。

這樣甜蜜的日子長達好幾個月。那是拉近我們親子關係很重要的一段回憶，是我此生第一次感覺和父親這麼親近，也讓我確信父親是深愛我的，因為從意外發生到痊癒，他從來沒有責罵、抱怨過我任何一句，純然地接受，並且積極地用盡各種辦法幫助我復原。父母的陪伴就是愛的最好體現，也是下一代人格養成的關鍵。

能轉化壞事為好事的人，內在原力會暴增

上天的安排一定有用意，並且留下了線索讓我們去找到乍看是壞事之下的好事。如果我們沒有智慧一看就懂，也要給自己更多的時間和耐性，慢慢找出來。我雙手骨折大約半年之後，右手才完全恢復到可以正常使喚，但還不能舉重物或從事劇烈的手部運動。到了國中三年級，在那血氣方剛的年紀，我很不希望自己脆弱的雙手成為未來生涯上的阻礙或成為「弱點」，因此決定每天晚上舉啞鈴、練伏地挺身。**意念改變了，行爲就會改變，習慣改變了，身體必定會改變**。

這個強烈的意念主導了我長達四年採取高紀律的刻意練習。從一開始只能一次做十下伏地挺身，後來進步到二十下、三十下，到了高一的時候已經可以連續六十下，

高二達到一百下，高三不僅每次都可以做一百二十下，更挑戰單手，以及單手兩指（拇指及食指）二十下，還有倒立伏地挺身，常常在班上還有到別班表演。至少單就伏地挺身這件事來說，我訓練自己到高三時已經是無敵狀態，全憑意念，過程中沒有任何人幫助我訓練、也沒有朋友和我一起練。台語有一句諺語：「打斷手骨顛倒勇」在我的雙手完全應驗了！

「任何事情的發生必有其目的，而且有助於我」是我奉行不悖的人生心法之一，其力量之強大遠勝過其他有形的力量。原理在於——**整個世界都是兩階段創造的過程：先有意念，然後具體化實現**，例如：「台北101大樓」是先由設計師在腦中構想出建築藍圖，然後用紙筆或電腦畫下來，再透過運用物質世界的資源讓它被具體化建造起來。

先有意識，才能影響物質。如果你要有健康、強健的身體，就必須在意識上先有清晰的自我增強渴望，專注力在哪裡，力量就會在那裡。當一個傷者意念專注於身體恢復健康強壯，那麼自動會把所有可能的資源都集中在對此有幫助的方向上，無論飲食、作息、復健活動及輔助器具，一切都會整合起來，產生的效益比起意興闌珊的人花十倍時間更具威力。

能夠找到壞事背後的好事，必然心生感恩。感恩之心是最強大的內在原力之一，可以觸動周遭的人，願意為你做些什麼；**當你感恩的意念愈強大，所能動用的人力、物力資源也就更可觀**。

「對你已接收到的豐足表達感恩，是讓豐足持續下去的最佳保證。」

——先知穆罕默德

美國知名創作歌手巴布．狄倫（Bob Dylan），在二〇一六年獲頒諾貝爾文學獎，成為有史以來第一位以歌詞獲得諾貝爾獎的音樂人。他的名言：「**有些人能感受雨，而其他人只是被淋溼了而已**。」（Some people feel the rain. Others just get wet.）這一段話，也成為我人生中，面對一次又一次此起彼伏的挑戰與挫折時正能量的來源，每每安定我那不安而躁動的心，並且轉化負面的情緒糾纏為助力，成為激勵自己不斷跨越障礙前進的內在原力。

你我人生中所經歷的每一場風雨，看似隨機地出現，而意料之外的暴雨總是讓人毫無防備，也因此躊躇不前。有些人被困住了、有些人被淋濕了，然而我由衷地希望，你我總是可以在風雨中獲得一些新的體悟。

認清這世界沒有天生的壞人，人人都可能是貴人

當我們理解了這世界上根本沒有壞事，除非我們的意識同意讓自己遇事不反省、不進步，否則人人可以選擇將所有壞事轉化為自我成長的好事。那麼壞人呢？這世界上有沒有可能並無真正的壞人？

人們受困於物質世界的生存壓力，勢必會發生搶奪資源的事情，但是隨著物質生活愈來愈豐裕，這種壞事必然會減少。夏目漱石在《心》當中寫到：「世上沒有像模子刻出來一樣的惡人。平時大家都是善人，至少大家都是普通人。然而正因為一到緊要關頭就會突然變成惡人。」

往往我們以為的壞人，大部分都是普通人且曾經是好人，很少天生的壞人，而是

現實社會運作之下壓迫了某些人轉變信念，或短暫做出不當行為，因此被視為壞人。我們都有可能是無聲的共謀者，讓這樣的體制形成，或默許它延續下去，如同獲得國際影藝界多項大獎的電影《小丑》，詮釋了人類社會當中寫實的一面。

事實上，我們自己在日常生活中，也往往因為時間壓力、一時貪快，或者基於保障自身權益，做出某些行為舉動，可能讓自己成為了他人眼中的壞人卻不自知。若我們心懷謙卑，理解自己也可能是無知者，那麼許多人際之間的衝突會自動降低。

當自己被他人影響而想發脾氣的那一刻，可以提醒自己：「難道沒有比生氣更好的方法了嗎？只有無能為力的人才會以生氣來回應。」或者：「我若可以包容這些小事，因此可以成就大事，提升到更高的格局。」**把面對這些情緒的經驗，想成是累積能力而成爲更強大自己的機會**，養成自己主導情緒的習慣（是由我們做主），而不是讓情緒主導我們，必然會成就格局更大的自己。這是培養內在原力最簡易的方法之一，而且日常中就可以刻意練習來強化原力。

每一個靈魂都是從天上來到這世界的，誰要犧牲當壞人？確實，有人犧牲自己，扮演他人的「逆境菩薩」，透過看似打擊、傷害、欺壓、貶抑、不公平對待我們的方式，來幫助我們更努力向上爬，他們是我們生命中不可多得的貴人。

一個沒有生存壓力的人，躺著什麼都不用做就可以過上好日子，少了逆境菩薩的歷練，就注定只能停留在原有狀態。台灣人普遍有上一代胼手胝足所獲得的財富累積，若捨不得捐助他人而全部留給自己小孩，少了逆境菩薩的幫助，最多守成，難以再擴增。

貴人出現的機率有多高呢？事實上，貴人無所不在。因為貴人存在人們心中，當我們認定了某個人是自己貴人，他就是了，儘管從其他人的角度來看或許無感。用科學角度分析，人們都是活在「自己所感知的世界」，不會是他人所感知的世界，也絕對不是「全世界」。**一個修爲等級高的人，眼中看出去，人人都是貴人。**

生命的體悟是打開智慧之門的鑰匙

我很享受人生中的自主學習之旅，其中有幾次的「發現新大陸」讓我永生難忘。

由於從小住在彰化鄉下以及大里工業區，就讀鄉鎮地區公立小學，從七歲才開始學會注音及認字，也從此開始自主閱讀之旅。面對書房櫥櫃中的書，有注音符號的先看，沒注音符號的慢慢學著認字，陸續看得懂「字」和「詞」。然而《聖經》和《金剛經》這兩本最棘手，前者是看得懂句子讀不懂意義；後者是完全不知所云。

我第二次再度接觸《金剛經》已經是四十二歲財務自由時，開始真正「做自己」的年紀。既然有了充分自由的時間，又遇到朋友主動送上幾本很好的「結緣書」（通常不是在書店販售，而是由民眾贊助進行「助印」，放在特定寺廟或宗教推廣機構可供索取），我驚訝發現，這一晃眼三十五年過去，《金剛經》大多數都看得懂了！（在此感謝南懷瑾、沈家楨居士這些前輩們著述的白話導讀版。）

後來我陸續將《心經》、《聖經》、《古蘭經》、《道德經》都拿來研究一番，發現這些典籍所傳遞的許多道理都是相通的。我恍然明白，原來**識字不是重點，生命的體悟才是打開智慧之門的鑰匙**。回顧自己幾次與死亡擦身而過，以及幾次重大挫折而讓我有大量閱讀的動機，因此得以獲得知識與智慧的洗禮，**先有挫折，才有獲得**。

黎巴嫩詩哲紀伯倫的《先知》在歐美被譽為「小聖經」，在台灣是我父母那一輩年輕時常用來送人的知性之禮。裡面有一段：「悲傷在你心中切割得愈深，你便能容納更多的快樂。」這是十九歲那一年，幫助我體會「人生沒有真正壞事」的啟蒙書。

十九歲發生了什麼事？我遇到人生第一次失戀，難過到好幾天輾轉難眠、食不下咽。但不知哪來的靈感，或許是陪我長大的書房給我啟發，它彷彿不斷告訴我，有更大的世界等著我，驅使我跑到離家好幾公里外唯一的一家書店，去翻找更多書來看。讀完《先知》以及戴爾．卡內基《如何停止憂慮，開創人生》這幾本書，心上那塊壓得我喘不過氣的石頭就自動縮小到只剩一半；接著，又連續讀了好幾本書，真的停不下來！

那時我存款很少，買不了幾本書。整個暑假，我就在書店和我家之間來來回回，看了五十幾本書，當時用小冊子記錄下來，成了幫助我走出幽谷、照亮前行之路的一把智慧火炬。原本自己受傷的點，成了大量閱讀的起點，也是人生過彎、直線加速的轉折點。

多數人都曾遭遇過失戀之苦，但如果是一輩子的苦呢？捷克作家赫拉巴爾（Bohumil Hrabal）在小說《過於喧囂的孤獨》描述一位廢紙打包工人漢嘉的故事。小說的開頭是這樣寫的：「三十五年了，我置身廢紙堆中，這是我的love story。我的身上蹭滿了文字，儼然成了一本百科辭典。我成了一只盛滿活水和死水的罈子，稍微側一側，許多蠻不錯的想法便會流淌出來。」當時捷克政府禁書制度迫使大多數書籍都被迫送至廢紙廠打碎、輾壓成磚，因為工作之便得以飽讀歷代經典的漢嘉，即便身處卑微也能保有一顆清澈的心以及盈滿的智慧。

儘管這世界沒有善待這些身處社會低下階層的人，**但每個人都可以選擇如何回應，以自己賦予的意義來體驗這個繽紛世界**。即便是小說情節，往往也是真實世界的寫照。例如第五章描述那位在捷運出口賣《大誌雜誌》的街友阿姨，即便在職場和生活中都遭遇不善的對待，但她仍以慈悲心回應這個世界，為了不拖累自己小孩而選擇獨自流浪，這需要多大的修為啊。但我相信她並不孤單，因為每天都會有天使路過，輪流伸手護著她的心燈，即便只是幾秒鐘，足以走過這喧囂又孤獨的人生。

安定自己的內心，可以強化內在原力

我很尊敬的前輩蔣勳教授說過：「多年來，習慣早上起來第一件事就先盤坐讀一遍《金剛經》。有人問我：為什麼是《金剛經》？我其實不十分清楚，只是覺得讀了心安吧，就讀下去了。每個人都有使自己心安的辦法，方法不同，能心安就好，未必一定是《金剛經》吧。」

《金剛經》全名為《金剛般若波羅蜜經》又譯《佛說能斷金剛般若波羅蜜多經》，有能斷絕一切煩惱之意。佛陀認為，人人本具「佛性」，只是被世俗的雜念給遮蔽，只要能夠幫助人們開悟，將可撥雲見日、明心見性。

在我小時候書房裡的宗教相關典籍中，我較常翻閱的是《聖經》，雖然不懂其中意義，但我知道過去兩千年來許多人藉由信仰而獲得內心的安定，知道這樣就能讓我心安了。我雖無「念經」習慣，但在我看懂《金剛經》之後，透過每一天的生活當中去實際運用、試驗，發覺其中許多說法的確為真理，正如《聖經》所傳達的許多智慧。

以前我遇到事情而不知該如何抉擇，便自問：「德蕾莎修女會怎麼選擇？」或「金恩牧師會怎麼做？」往往在人生的早期，我們人生決策系統自動設定為「消去法」，透過不斷地刪除掉「自己不想走的路」才能夠幫助我們去釐清自己最後想要成為怎樣的一個人。在我四十二歲財務自由同時看懂了許多宗教典籍之後，也找回了自己的初心，記起了兒時夢想是要成為他人心中的天使。從那一刻起，人生決策系統被自動轉換成「加法」，**彷彿人生閱歷轉化成一把鑰匙，開啟一直都在的天命之門，也開始累積真正「做自己」的足跡**。

民間信仰普遍認為，透過恆常而持續地累積智慧、良善與功德，有一天因緣俱足了，或許可以抵達自由的彼岸（或者稱為上天堂）。我喜歡的修行，是在每一天的生活當中，透過與人的互動過程去修正自己的思維和行為，讓自己成為更好的人，希望自己和周遭一起生活的人可以感受到更幸福快樂。

能夠去溫暖所有周遭的人事物，就是我心中最溫暖的事了，這不是目標，也不是終點，享受那過程本身即是旅程之目的，給人溫暖就是我獲得自心溫暖的來源。你的目標是什麼？我想不斷嘗試幫助更多的人，並且從中感受生命成長的喜悅。

一九四六年諾貝爾文學獎得主赫曼．赫塞在《流浪者之歌》寫到：「無法達成的目標才是我的目標，迂迴曲折的路才是我想走的路，而每次的歇息，總是帶來新的嚮往。等走過更多迂迴曲折的路，等無數的美夢成真後，我才會感覺失望，才會明白其中的真義。所有的極端與對立都告消失之處，即是涅盤。」

沒有終點的旅程，意味著時間是無限的。人們會感受到阻礙、挫折、陷入困境，往往是因為認定「時間有限」，而將想要儘快解決問題的壓力施加於自身，當下卻無法解決時而產生挫折感；是「無法解決問題」這樣的念頭讓自己受困（問題本身不會困住人），這都是自己內心「無明」（不通達智慧且不能明白理解事相背後的運作原理）而生。倘若靈魂是不斷輪迴的旅程，時間就不是問題了。**一旦突破時間的自我設限，我們便可以專注在人生更重要的事情上，而不受無明所苦**。

好比電影《奇異博士》最後一幕，就算是能力足以吞噬整個地球的大魔王來襲，只要我們知道自己有無限的時間可以面對，那麼被困住的是大魔王，不是我們。**當我們將任何問題放到「超大尺度的靈魂之旅時間軸」上（例如一千年），絕大多數的問題都變得微不足道了**。這就是我從許多典籍中頓悟的道理，也是我因而不驚、不怖、不畏的心法。

生活中也會有更多不如意的小事情，例如人際之間的摩擦，因而產生緊張、焦慮、發脾氣。我有一個非常好用的方法，只要「暫停呼吸」（憋氣）一下子，就會舒緩一半的情緒。因為缺乏氧氣進入身體，腦部活動會放慢（整個身體也是），我們所感知的時間也會變慢。當我們無法呼吸，被迫要專注在如何維持生命，其他問題就都會被拋下、變得不重要。

當我們體認到，生死才是較大的問題，其他都是次要的，就沒有非得當下拚輸贏的血氣之勇會釀成災難了。日常生活中，遇到突發的事件，我都讓自己暫停呼吸，因此獲得專注，直到我「放下」了心中那些不好的雜念，才讓自己恢復呼吸。靠這個方法，從此未再遇過真正的敵人，也自此擁有輕盈自在的人生旅程。

我是一個打從自心感到幸福的旅人，因為，只要有人之處就是美麗又有希望的地方，是上天眷顧的國度。透過此書將前人的智慧傳給你（妳），是我最溫柔的絮語，不求功德、不論因果，因為這麼做就是我幸福感的泉源，夫復何求？

心態設定

普通人常見設定	發揮內在原力的設定
遇到壞事自認倒楣；有些人會被困在原地，躊躇不前	認爲並沒有眞正純然的壞事，會努力去找出壞事背後所隱藏的好事
如果貴人遲遲沒有出現，就是自己運氣不好，有懷才不遇之感	認爲沒有天生的壞人，而貴人無所不在
遇到突發的事件容易心生怨念，需要他人的安慰才能舒緩心中的不滿	可以主動放下心中不好的雜念，認爲沒有不能解的結

行動清單

1 列出自己最近所發生而心中仍在掛念的事件，並且試著用「同理心」去思考這問題發生的對方（若有其他人參與其中；若無人參與其中那就是上天的安排）為何要選擇這樣做？用理解去取代原諒。若實在難以原諒，那就改用「感恩之心」，感謝上天沒有讓我們發生比這事件更嚴重的事故而終身遺憾。

2

找出職場中所遇到的「壞人」或自己不喜歡的人，花一段時間去默默觀察對方有哪些好的行為或特質？列出三項你欣賞的或自己欠缺的，努力讓自己在這三項上面可以比對方做得更好。

3

回想一下，過去自己內心深處令自己最感動的「初心」是什麼？將它寫下來。想想看，這個「初心」是否仍值得被實現？若是，請即刻起在自己的日常生活當中去實踐。

第 8 章

包容力

• 開啓無限力量的萬用鑰匙 •

獻給已故的台大工商管理學系暨商研所徐木蘭教授，感謝她幫助莘莘學子們了解，每個人都有無限的可能。

徐木蘭教授被奉為台灣組織管理學界第一把交椅。她也是我進台大商研所那年，所上指派給我和其他五、六位同學的「導師」。第一次「導生會」（導師與學生聚會），舉辦在她喜愛的「93巷人文空間」。那天，她對我們說，她以右手寫論文，左手寫散文（她本身也是知名作家），期許自己是本土管理學術的小園丁，堅持在園地裡深掘，讓本土管理學者有分享知識的平台。

二〇一〇年，她因癌症與世長辭。我沒能力成為一位學者繼承她的職志，但我終究成為了一位作家、深耕台灣的小園丁，繼續以愛灌溉著這片土地。

我有一位聰明又甜美可愛的姪女，叫做Nana。她誕生的時間恰好就是我四十二歲「退而不休」做自己的時候。由於負責看顧她的祖母白天會在我這邊，於是我每天和她們互動密切，偶爾幫忙Nana換尿布、餵她喝牛奶。Nana開始會講話之後，我們的互動變得更多了。

她很愛找人講話，童言童語，每一句都反映出了尚未被這個世界汙染之前的「原廠設定」狀態，正好可以幫助我重拾自己的兒時記憶，也近身觀察一個純真無邪的心靈，她是怎麼看這個既文明又荒唐、可愛又可憐的世界？

有一次我問她：「Nana！妳比較喜歡妳爸爸還是媽媽」？

Nana開心地笑著回答：「我兩個都喜歡！」

我再追問：「只能選一個，妳比較喜歡哪一個？」

Nana皺著一對淡淡的小眉毛陷入沉思，然後說：「爸爸和媽媽！」

我可以體會她皺著小眉毛的原因，因為當我獲得財務自由之後，幾乎對任何事物都有自主選擇的權力，於是，可以理解這麼小的幼童是不會有「選邊站」的習慣。**每一個純真無邪靈魂裡的「原廠設定」並非「有限思維」和「二分法」，而是「無限思維」**。當你突破現實社會的牢籠，獲得完全的自由與自主選擇能力之後，會不會恢復到「無限思維」的初心？我認為是會的，因為我就是這樣走過來的。

赫爾曼．梅爾維爾（Herman Melville）在《白鯨記》有一段：「他不是文明人，也就沒有文明人的狡詐和虛偽，他質樸無華的神色中有一種洞穿世事的光輝，不知不覺中我們的心已被他征服了。」如果我們能夠拋棄世俗化的狡詐虛偽，回歸初心，憑我們與生俱來的神性以及人性的光輝，就可征服許多人的心——**常保初心往往能發揮出強大的內在原力，影響許多人**。

我認為每個人都需要有包容力，避免將自己的好惡與價值觀強行加諸於他人身上。牛頓第三運動定律又稱「作用與反作用定律」：當施加力於物體時，會同時產生一個大小相等而且方向相反的反作用力。業力，有如一種反作用力，有些人認為業力是報應，但其實報應也是有善報與惡報。種了善因（善業）的種子，因緣俱足後產生善果。不求回報地給予較容易產生好的結果；有帶意圖、有要求條件地給予，反而較難有好的結果。

文明人很容易在他人身上貼各種標籤，以便於在廣大的世界裡辨認彼此；然而，當我們對一個人貼上某種標籤時，就是一種劃分人群的行為，也同時使我們從人群中被分割、自然排擠開來。科學家們普遍認同，宇宙誕生之初是由一個質量和能量無窮大的奇異點，大爆炸後而衍生成今天我們所知的一切。**分裂只是一瞬間，然而我們要聚在一起卻花了一百三十七億多年**。我的好友Jaff說他很喜歡宇宙學，要我稱他「核廢料J」，同理可稱我「核廢料E」；麻煩的是，二十六個英文字母要分給七十八億人用，每三億人就會同名。

文明人已經花了太多時間在分割人群了，當我們回歸自己誕生時的初心，是不是都會更懂得包容，因而獲得更完整的人生體驗？是的，**一旦我們擁有了包容力，內在原力影響所及的人將會更多、更完整！**

我們無法征服別人，但是可以為他人增福

數位政委唐鳳說過一句名言：「**與衆不同是常態，與衆相同是錯覺。**」當我們試著以數字統計或歸納法總結出幾個「常態」或「模型」的時候，我們都容易陷入「平均值」的迷思，而忽略了每一個人擁有截然不同的天賦與使命這個特質。要活出自己無憾的一生，就不應想著如何征服別人，而是思考如何為他人「增幅」或「增福」。

唐鳳被日本媒體譽為「天才ＩＴ大臣」，是一位跨性別者，二十四歲決定從「他」變成「她」。八歲自學寫程式、十六歲創業，擔任過蘋果等多間公司顧問，三十三歲退休。看似人生勝利組，然而在四歲時得知自己罹患先天性心臟病後，便已有了「每天都不一定醒得來」的覺悟。因此，這也使得她每一天都盡心盡力活著，以不枉此生。

丘美珍、鄭仲嵐合著《唐鳳：我所看待的自由與未來》書中描述：「有一天，資

優班的老師發下一張考卷，要同學們在二十分鐘之內做完，老師隨後離開教室。唐鳳早早就做完了。但有做不出來的同學，伸手過來搶他的考卷，要看他的答案。他不想讓同學看，拿著考卷逃跑，四、五個同學追在後面，他一不小心摔在地上，其中一個同學追上來，使盡全身力氣對他踢了一腳，他撞到牆，昏了過去。媽媽把他帶回家之後，在洗澡時掀開他的衣服一看，肚子那裡有一大塊瘀青，可見當時同學踢他的力道有多大。」

說起來我真的很慚愧，因為自己是在二〇二〇年底，看了上述著作之後，上網查資料，才知道LGBT代表什麼意思。然而，這並不代表我從未有過這些朋友，大學的同班同學裡就有一位。然而他在畢業離開學校多年之後自殺身亡，透過另一位同學的描述我才知道這個死訊。我既慚愧又難過失去一位幾乎被視為天才的好同學，卻後知後覺。

根據各國統計，LGBT占了全球人口約五%至一〇%，我們彼此一同構成了這個世界，世界也因為他（她）們而完整。這只是一個舉例，這世界上太多二分法，把人們分離了。**當人們習慣選邊站的時候，只站特定一邊的人其世界就不完整，人生就**

不可能達到一百分的滿分。內在原力就像萬有引力，可以穿透整個宇宙，但前提是我們不能分割人群、畫地自限。

人類歷史上至今從來沒有任何兩個人是一模一樣的，也因此每個人所生活的世界，是透過他們個人感官的接收訊號，加上個人知識與經驗等智能的解析，才獲得認知。這也是為什麼，明明同一件事物，人們會有截然不同的觀點和感受。透過包容、合作與溝通，群體中的每一個人都可能因此獲得對這個世界更完整的認知。

宇宙的存在本身沒有目的，但若非得歸納出一種目的，那麼「進化」便是宇宙持續進行的事實，不只是人類的事，是一切眾生和萬物的事。**當你開始爲他人「增幅」或「增福」，便是幫助了這個宇宙實現它的目的，宇宙一定會幫你，這就是自然法則，也是天道的祕密**。所有獲得天助的利他者，都很容易體悟這個祕密。

許多人會認為，除非是自己「先」已經通達、獲得自由，否則難以顧及別人，更遑論兼善天下；然而，放下競爭心態，許多憂慮煩惱會自動消失，自己不是就已經先快樂了嗎？如果我們開始關心別人，當看到他（她）們從困境中解脫，無論是否「成事在我」，不也都能獲得愉悅感嗎？

日本諺語裡有所謂的「一期一會」，是源自日本茶道的成語，意思是在茶會時領悟到這次相會無法重來，是一輩子只有一次的相會，故賓主須各盡其誠意。

你我的一期一會，需要好好把握、好好感受。行有餘力，就兼善天下，為他人增福。

感恩之心是開啟無限力量的萬用鑰匙

感恩是最強大的內在原力之一，是足以開啟宇宙無限力量的萬用鑰匙，但無法用眼睛看見，如《小王子》的名言：「一個人只有用心去看，才能看到真實，因為**最重要的東西只用眼睛去看是看不見的。**」

「眼見為憑」是舊時代的文明觀，直到距今三百多年前，人類智能終於能夠解析出光譜，陸續發現可見光以外「看不見的」部分，因而產生今天我們有電視、廣播、行動通訊、X光機、微波爐等應用來豐富我們的文明生活。人類可見光只是廣大電磁波頻譜當中極為有限的一小段罷了，就像**上帝在無限多層的「可能性」之間，開闢了一**

層「人間」給我們當作樂園。眼見確實不能為憑，眼睛看不見並不代表不存在。

如何用感恩之心來開啟無限力量？一位醫師朋友最近跟我分享一個實例。當她在準備一個訪問，討論腸胃道疾病跟益生菌之間的關係，因此認真地研讀近幾年有關這方面的論文研究。目前益生菌對於身體運作所扮演的角色，在臨床上還有許多未被解開的謎。她為了有更深入正確的了解，想鼓起勇氣去詢問一位在台灣專門研究益生菌的前輩。然而，對方為人一向相當嚴肅，所以令人害怕，不知該如何接觸。結果沒想到，暫且拋開心理成見，以感恩之心主動向對方表達，自己是他研究成果的受惠者，很感謝他的研究所給予的啟發，結果對方超級熱心地回應，不僅提供更多建議，她也獲得進一步閱讀更多論文的機會。

往往我們周遭許多表面看來嚴肅或內向的人，未必厭惡與人互動，只是他（她）們處理與表達情緒的習慣不同。倘若能夠抱持正確的心態來與其互動，往往可能獲得掏心掏肺地傾囊相授。**許多人口中的「沒機會」其實處處是機會，只是沒有開啓它們的能力，若能夠善用感恩心這個原力，就能夠獲得他人強大的助力**。

對於內向者來說，知音難尋，而「感恩之心」就是跨過鴻溝的最佳橋樑。以我身為內向者又是高敏感人的實例，隨時隨地總是上演著數不盡的「內心戲」，無論在什麼樣的場合，只要有人靠近，我心裡就會冒出像這樣的內在聲音：

「他會和我講話嗎？」

「他若和我講話，第一句話可能會說什麼？」

「如果他開口跟我說話，我該用什麼樣的語氣和表情來回應他？」

「如果他沒有開口跟我說話，會是為什麼？他心裡可能在想什麼？」

「他會怎麼看待我？」

以上不限「他」或「她」，因為無論對誰，我都同樣焦慮。這樣的內心小劇場，會在對方開口對我講了第一句話之後消失，但馬上又會有一連串新的內心戲開始上演。

對於超級內向者來說，人生就是一場無止境的內心戲連續劇，卻永遠不會知道下一秒真正上演的是排練過的哪一套劇本？這就是我們內向者容易感到焦慮，不喜歡人多、喧囂環境的主因。事實上，把我們放到那樣的場合中，通常結果很容易是悲劇，想要改變為好的結果，我們需要付出非常大的努力去克服恐懼，扭轉趨於閉口消音、逐步從人群退縮的「習慣性結局」。作家張瀞仁以自身為超級內向者的經驗，在《安靜是種超能力》書中提供了諸多的策略與解方，可以幫助許多內向者藉由天賦的優勢，在職場閃耀發光。

在這個繁忙的世界裡，許多人感到孤單寂寞，然而人類與生俱來的自我實現需求，以及每個人都希望被他人重視的需求無所不在，一旦用「感謝心」開啟了人們之間的溝通橋梁，源源不絕的收穫將因而湧現出來。

每個人都需要可敬的對手

感恩之心運用在職場上，也能產生極佳的正面效應。我們在職場上很容易遇到「競爭者」，有公司外的、也有公司內的。如果我們可以將競爭者看成督促我們不能停止前進，必須想盡辦法不斷努力進化的動力來源，那麼競爭者就是為我們「增幅」的力量。「內部競爭」往往是一家公司培育頂尖人才所必須的環境。我曾在一百四十多年歷史的保德信金融集團服務了十二年，該集團橫跨全球四十多個國家，總管理資產近一・五兆美金（超過全台灣GDP總值的兩倍），旗下有許許多多關係企業，包含了以擅長股權投資管理的專業機構Jennison Associates，在美國獲獎連連，也是當今全球知名的「女股神」凱薩琳・伍德（Cathie Wood）從研究員一路做到首席經濟師、基金經理人，花了十八年時間建立基本功的地方。

儘管隸屬不同子公司，我有幸輪調到Jennison Associates在紐約曼哈頓的總部，透過大量、密集與各部門交流，我被那裡完全透明又極度競爭的環境給深深震撼到。我認為，要是將「內部競爭」特性調降一半，該公司獲獎的總數不會只是減少一半，也難以培育出如此眾多的傑出基金經理人。

這家公司並非是少數特例。事實上，美國有許多頂尖企業內部多有類似的高度透明、高度競爭環境。這些美國企業在全世界迅速攻城掠地，往往在拓展海外市場時，可以迅速打進數十個國家，使得擁有主場優勢且深耕當地多年的本土企業或財團都難以招架。

無論我們喜不喜歡競爭對手的存在，我們都必須尊敬他們的能力，感謝彼此的琢磨。在物質界，全地球硬度最高的是鑽石，而尚未經過琢磨的原石稱為金剛石，兩者同是最高硬度物質，那麼該如何將金剛石切割、琢磨為「八心八箭」的鑽石？**唯有鑽石能夠琢磨鑽石**，最好在我們年輕時就遇到能琢磨我們的鑽石，否則就算我們好比金剛石，都可能終其一生只是一顆黯淡無光的原石。

我很喜歡歐陽立中老師在《人生有限，你要玩出無限》書中談到如何天下無敵。三國晚期，楊修是司馬懿的大敵。曹操要殺楊修，在戲劇《軍師聯盟》中，司馬懿替楊修求情說：**「臣一路走來，沒有敵人，看見的都是朋友和師長。」**要成功，最好的方式就是別把對方當敵人，而是當成自己的一面鏡子，做得好給予鼓掌，做不好反求諸己。唯有如此，才能夠專注在自己身上，也因此才能夠抵達那些東張西望、瞻前顧後的人所無法抵達的境界。

我在職場上的最後一份工作是在國泰金融集團，而前一份工作在歷史悠久的外商公司長達十二年，做到人人稱羨的位置，實在沒有必要跳槽到本土企業去上班。然而，當時國泰投信總經理張雍川先生多次當面找我深談，希望我能考慮前往任職，幾個禮拜談下來我都無動於衷。直到後來，他提出了關鍵的一問：**「你要繼續幫外國**

人賺錢，還是一起做些事情幫助台灣走出去？」

當時，國泰投信設立了新的單位，並且成立境外基金在盧森堡註冊，為台灣資產管理業者首開先例。金融監督管理委員會（簡稱金管會）也樂觀其成，希望台灣的投資管理專業形象也能夠在國際市場上開闢出新的藍海，讓更多國外的投資機構委任台灣的業者擔任投資顧問。我就是新成立的投資顧問部主管，負責拓展新事業的海外法人市場。當時，原本與我一同競爭該職缺的是另一位在香港工作多年的可敬對手，我們兩人都有相同的機會。

那位「可敬的對手」是一位我認識多年、相當欣賞的人，由於我虛長他一、兩歲，較早踏入職場，我也因而先爬到外商公司主管職位，兩次主動要延攬他加入我的團隊。當時他在各方面表現都堪稱出類拔萃，一直是我最想共事的夥伴人選。好的人才絕對值得被高薪禮聘。可惜，在公司成本考量下讓我兩次失之交臂。幾年之後，他在香港的職涯發展相當順利，無論歷練和國際知名度都已經超越我許多，但想回台灣工作，因此和我競爭同一職位。

後來我能夠順利獲取該職位，最主要因素可能是對方條件太好，因此開出的價碼非常高；而我主要是想為台灣做點事情，所以要求的薪資待遇是其次。事後來看，我真心感謝他的一路精進，且沒有降低過自己標準，才能讓我順利上任，並且「為台灣做些什麼」。以這個職務來做為我職場旅程的最後一站，我感到無比的光榮與圓滿。後來，他也回台灣擔任另一家知名公司的副總經理，儘管目前我已經離開職場，卻依然抱著感恩之心，希望他步步高升，在我曾經最熱愛的投資圈裡持續發光發熱。他也是一位「恆星人」，在我的職場生涯當中，多次以他的光照亮了我的希望。

莫把貴人當成敵人

有「恆星人」就會有「黑洞人」。若處在同一場域當中而無法閃避（例如在同一辦公室），除了可以跟該空間中「大質量恆星人」保持良好互動關係之外，更根本的解決之道是努力讓自己成為「恆星人」，在職場上發光發熱，吸引周遭的人靠近、凝聚起向心力，自成一個星系。總質量加起來夠大，就不用再擔心黑洞的威脅。

請不要試圖想改變「黑洞人」，因為宇宙中的每一個黑洞都曾經是大質量恆星，只是用盡了能量而使核心塌陷、收縮成為黑洞。事實上，在我們所居住的銀河系正中央，就是一個超級大質量黑洞（大約是太陽的四百三十萬倍），而整個銀河系就是繞著它旋轉的，是因為它的存在，穩定了整個銀河系，有向心力讓彼此凝聚在一起。

整個宇宙存在著超過一兆如銀河系這樣的星系，而每一個星系的正中心，有些是超級大質量恆星，有些則是超級大質量黑洞。這是「**觀察者偏差**」的問題，如果我們可以提早幾十億年來做觀察，它們同樣都是超級大質量恆星。**我們不需要抱怨遇到黑洞人，因爲他（她）都可能會經照亮過前人，是我們自己來晚了**。

目前人類已知的質量和能量，只占全宇宙總質量和能量的五％，剩下的九五％暫且被科學家稱為「暗物質」和「暗能量」。如果沒有它們，整個宇宙持續快速地膨脹，會讓愈來愈多外圍的星系（不僅僅是零星幾個，而是數以萬億計的星系群）以超越光速離我們遠去，我們只會愈來愈孤單而已；更重要地，若不是這九五％的引力作用凝聚了我們的向心力，整個宇宙早已分崩離析。

儘管難以改變「黑洞人」，但我們可以避免自己或周遭的親戚朋友淪為黑洞人，需要的是包容力與感恩之心。我們都存在「觀察者偏差」，如果我們沒有「全知」的能力去知道每一位黑洞人和我們過去的業障因果；如果我們無法確定是否在過往的輪迴中他們用盡了能量幫助我們；我們就不應該在今世只憑一瞬間的好惡來論斷他們。**莫把貴人當成敵人，讓我們自己成了忘恩負義的人**。

無論他人做了什麼事情，我們都有選擇如何做回應的權利。我們缺乏全知能力，因此必須心存感激，他們出現在我們生命裡，都是有意義的，而且是由我們選擇要賦予怎樣的意義。在我頓悟這道理之後，就從不再記恨任何人了，因為我必須承認自己早已遺忘了累世的過去（如果有的話），**既然沒能力記恩，就沒資格記恨；若沒能力愛，就沒資格恨**。

也曾有不少讀者跟我訴苦，自己的父母就是近距離的「黑洞人」；總是怨念不停，往往會因為溝通不良而生氣，常令他們感到無力。我很贊同臨床心理師洪培芸所說：「你要有三倍以上的成長，才有能力改寫對於逆境的詮釋，如此才不會被拖垮下去，形成惡性循環。具體的做法，就是要先拉開物理距離，並學會『課題分離』，把『自己的課題』和『他人的課題』切割開來。」

我們必須理解，**每一個靈魂並不屬於父母，只是透過父母的愛而降臨在這個世界**。每一個靈魂都有屬於自己的使命和旅程，我們可以珍惜彼此相處的時光。父母的期待是父母的功課；成熟的大人都要學會管理自己的期待；這是完熟人格的必考題，我們可以選擇自己願意幫忙多少。然而，**父母面對的考題也提早讓我們預習，將來有一天我們也終將要遇到相同難題**。我們既然到來，若一次可解決兩代人的課題，做完功課再離開，下輩子彼此都不需要為了重修而再來。有了極致的智慧，必有極致的慈悲，並感謝沒有在更糟的出身背景下來面對這些功課。

「原諒那些傷害你的人，他們冒著下地獄的危險來成就你。所以要諒解，並用慈悲心去祝福他們。因爲即便過錯是別人的，業障一定是自己的！」

——密勒日巴尊者

心態設定

普通人常見設定	發揮內在原力的設定
很容易在他人身上貼各種標籤，以便於在廣大的世界裡辨認彼此	可以平等地對待人生旅途中所遇到的每一個人
如果能夠憑藉力量去征服別人，是一種很有成就感的事	不會想著如何征服別人，而是思考如何爲他人「增幅」或「增福」
不喜歡職場上遇到的競爭者，無論是公司外的，還是公司內的	珍惜「可敬的對手」，透過良性競爭將整體利益極大化
誤把貴人當成敵人，不小心讓自己成了忘恩負義的人	珍惜人生旅程中所遇到的所有人，避免只憑一瞬間的好惡來論斷他人

行動清單

1 請逕行上網查資料，LGBT代表什麼意思？相關的真確數據為何？

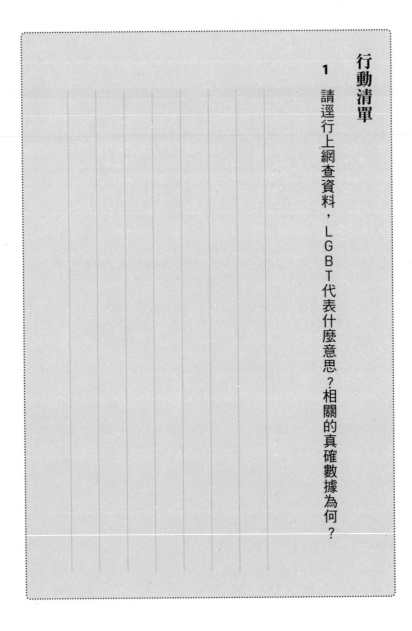

2

列出自己職場上或生活周遭常碰面的「內向者」，不是要你貼標籤，而是提醒自己放慢步調與其互動，減少對方的壓力；同時常保感恩之心，謝謝這些有才華而低調的人出現在你周遭。當你抱著感謝心必然釋放出溫柔和煦的頻率與其「互動」（即使沒有真正交談，高度內向者也可以感受到），有助於建立彼此關係，有一天當你需要幫助的時候，就可能獲得來自他（她）們的強大助力。

3

列出你目前所遇到的「可敬的對手」，在未來合適的場合中，主動向他們釋出善意，試著與對方建立更好的友誼。時時刻刻提醒自己，這些人就是在職場中最能夠激發你潛力的人，切莫釋出敵意，而是善意，並惕勵自己擁有更高的格局來讓對方加入你的成長之旅。

第 9 章

常保初心

・你是誰比你做什麼更重要・

獻給我的母親，她以溫柔婉約的性格影響了我，並在數不清的日子裡陪伴我長大，讓我不安而躁動的心獲得了安定。

在我七歲那一年，小學一年級的某個週末上午，我在河裡溺水長達數分鐘之久。一開始竭盡力氣掙扎，在湍急的河水中載浮載沉著被沖往下游，幾分鐘後，口鼻吸入過多的河水讓我進入昏迷失去了意識，醒過來的時候已經是傍晚。事後聽母親說，在我被救起來的時候已經沒有呼吸；幸運地，父親當下以ＣＰＲ（心肺復甦術）進行急救，我吐出了滿肚子的水之後恢復了呼吸。

從昏迷到甦醒的這六小時之間，我的意識還在嗎？或者去了哪裡？什麼也沒有，完完全全空無一物，也沒印象感受到任何的「光」。然而，在那一天之後，我的性格和人生產生了很大的轉變，宛如重生。

溺水的那一天早上，爸爸帶著我們全家人，和很多朋友攜家帶眷一起在郊外的河邊烤肉。我因為視覺極其敏感，昆蟲身上毛茸茸或奇形怪狀的口器，在我知覺中彷彿被放大了好幾倍，常常嚇壞我。因此七歲之前若遇到昆蟲，我總是選擇「讓牠們消失」以減輕我心裡的不舒服。

當天在河邊發現一隻生平第一次遇到的紅色蜻蜓，我追著牠跑了好遠，不知不覺已經離開了人群的視線。實在太過於專注於那隻紅蜻蜓，當我意識到自己雙腳踩進河裡時，已被河水沖進去了。水流湍急，儘管距離岸邊不到一公尺，但卻是使盡力氣掙扎也到不了的距離。從落水到昏迷之間僅有幾分鐘，但卻是人生最漫長的一段時間，成了永遠忘不了的記憶。

這次「紅蜻蜓事件」是對我衝擊最大的一次。或許小朋友都難免幼稚不懂事，生死之差往往只有一瞬間。溺水前一年，我養了蠶寶寶，好不容易有一隻成功吐絲結繭，在毛茸茸的白色蠶繭當中蟄伏了好幾天完全沒動靜，直到有一天，蠶繭開始偶發晃動，等待幾個小時，好奇心油然而生，想看牠在裡面的樣子。於是拿一把小刀割破蠶繭，讓已成蛹狀的牠從破掉的蠶繭中滾出來。結果，牠自此一動也不動，就在我面前失去了生命。我嚇哭了！原本不久後可以羽化飛翔的一個生命，被我害死在書房地板上，就只因為我好奇。

那是記憶中最小的案例。還有關於一群無辜的蝴蝶、「一箱」螢火蟲、「一臉盆」的寄居蟹、「一袋」的魚、兩隻小烏龜、一隻黃金鼠、兩隻鸚鵡、兩隻天竺鼠，還有幾隻體型再稍微大一些的動物……這些案例我已不忍心描述。

一次又一次的悲劇，都因我的幼稚無知所引起。直到七歲那次溺水事件，才讓自己**驚覺生命有多麼脆弱，往往只是一念之間，而有了生死之別**。小小年紀所知有限，但從溺水後對大自然感到深深敬畏，我不再欺負弱小動物了！後來，隨著自己年齡增長，一邊體驗一邊轉念。直到我二十一歲，受到台大謝清佳教授的點醒後才明白：**任何事情的發生必有其原因，考驗我們有沒有足夠的智慧去理解或體會些什麼**。

後來有一天，我打從心底深深發願：絕不允許任何無辜的生命在我眼前被奪走！意念改變，世界就改變了。之後我對大大小小的動物和昆蟲變得「無害」，並且喜悅於日常生活中每一次與牠們的不期而遇。小時候的那些自責與夢魘也逐漸遠離，活出一個嶄新的自己，活在一個更快樂祥和的世界裡。

人隨時可以轉念，而成為更好的人。**人們本心都對成長與蛻變帶有一種憧憬與喜悅，稱爲自我實現的需求，不是爲了成佛、成仙，本心俱足，無需外求。這個本心，就蘊含了同理心、慈悲心、上進心、感謝心的內在原力，等著被喚醒**。

如果我們危害動物或其他人，那麼將會活在以下狀態的人生：

對動物有害，也活在被動物所害的世界中；
對人們有害，也活在被人們所害的世界中；
對環境有害，也活在被環境所害的世界中。

我們也可以選擇活在以下狀態的人生：

對動物有助，也活在被動物所助的世界中；
對人們有助，也活在被人們所助的世界中；
對環境有助，也活在被環境所助的世界中。

我們每一個人都可以選擇，成爲更好的一個人；我們也都可以選擇，要帶著怎樣的一顆心來面對生活周遭的一切人事物。這世界有不少人帶著佛心（神性），在人間行菩薩道（成為他人心中的天使）。我人生中遇到了好幾位，是他（她）們的言行，透過內在原力改變了我的信念，使我成為今天的我。

圖9-1｜發揮內在原力的信念系統

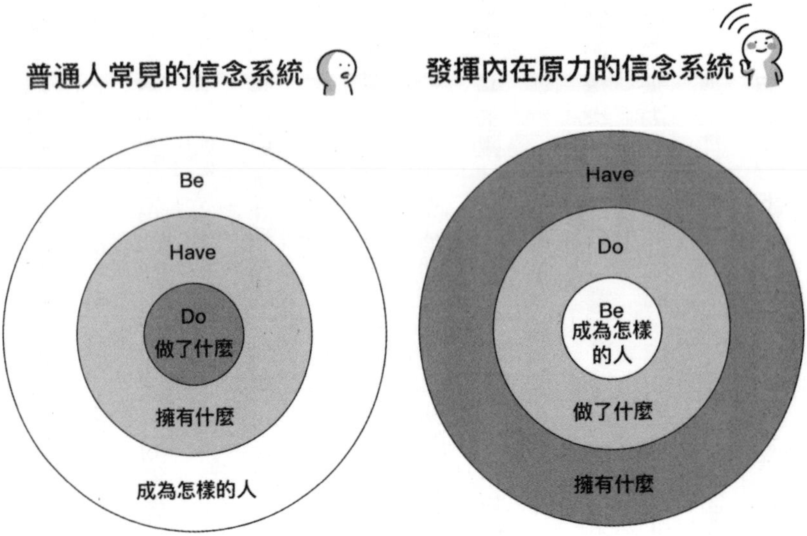

當我們找出自己的天命，知道自己想要成為怎樣的一個人之後，記得自己是誰，透過「Be，Do，Have」的信念系統，「Be」將提供自動導航，陪現在的你走過大大小小的峰與谷，抵達人生的桃花源。

《記得你是誰：哈佛的最後一堂課》書中最後一篇是金．柯拉克（Kim B. Clark）教授的故事。在他小時候上學出門前，媽媽都會低下頭來盯著他的眼睛說：「小金！你今天是要出門去當領袖的，千萬要明辨是非，可別讓人家牽著鼻子走，要記得你是誰喔！」他在大學時期加入樂團，並參加全市的搖滾樂團擂台賽，獲得冠軍。當整個團隊欣喜若狂準備簽下經紀合約，展開即將隨之而來的全美巡迴表演時，他清楚知道自己並非想成為搖滾巨星——儘管那是一個大家認為理所當然、更容易成功的選項。不過他仍選擇主動離開樂團、投入學界，最後他成為哈佛商學院的院長長達十年。

回顧我過去四十五年的生涯，小時候的夢想是成為天使幫助他人，後來隨著國中、高中課業競爭的壓力，漸漸淡忘了「初心」；直到二十一歲的時候，受到台大謝清佳教授的相助，於是想清楚自己想要的不是戰勝他人，而是「成為一個心靈上富有的人」。因此這個「Be」引領了我一路走來，直到今天，寫著這一本書。

人一輩子能做好一件事就功德圓滿了

《記得你是誰：哈佛的最後一堂課》翟庫馬（Jai Jaikumar）教授的故事深深觸動了我。他年輕時，挑戰喜馬拉雅山間一座海拔約七千三百公尺的高峰，遇到意外而滾下山（他的一位同行好友在這一次山難中身亡），速度愈滾愈快，在跌至約九百多公尺的高度，連續翻滾長達二．五公里的下坡之後，生命垂危。

所幸，在深山中遇到一位中年婦女救了他。在喝完水並適當休息後，她就起身背著他走了三天的路，才終於抵達另一個有人的村子求救，卻完全不求回報。她滿意地打個再見的招呼就又逕行走回來時路。

這真實的故事讓我們理解到人們的天命不一定是一種職業或工作，也不是《靈魂急轉彎》電影中所謂的「火花」（目標）。翟庫馬教授儘管最後在五十三歲因另一次的山難意外而辭世，卻留下了這些經典的故事，被翻譯成為數十種語言，傳到世界各地，影響著數十萬甚至數百萬人。那位曾救過他的中年婦女獨居於深山，未必有所謂的職業，但卻有她的天命，讓愛與慈悲的事蹟影響更多人，幫助人們體認到——**每個人有不同天命，無論生活的方式或所作所爲，在他人或自己眼中有多麼平凡、卑微，都具有其意義。**

「無論你遇見誰，他都是你生命該出現的人，絕非偶然，他一定會教會你一些什麼。」

——佚名

已故的第一屆國家文藝獎戲劇類得主李國修教授曾說：「**人一輩子能做好一件事就功德圓滿了**。」我們的功德圓滿了嗎？如何知道自己是否做到圓滿了？我想，只要能夠盡心盡力做到此生無憾，沒有必要乘願再來，那麼離圓滿的境界也就不遠了。

二〇二一年一月二十三日在台大那場「為你引路，從優秀到卓越」公益演講最後Q&A時段，現場有一位聽眾提出的問題大致如下：「翟庫馬教授最後因為山難而死，是否也帶給了我們一些啟示，在自我實現的過程中，也要考慮後果和風險？」

我回答說，有一隻小螞蟻，立志要前往西方朝聖，一直不斷努力地走著；途中，遇到了另一隻動物問他說：「你知道自己就算走了一輩子，可能永遠也走不到嗎？」螞蟻回答說：「沒關係，只要能死在朝聖的路上，我就感到無比的幸福！」我告訴現場的聽眾們，每個人都有屬於自己的旅程，**在追尋天命的路上，無論結果如何也都將是快樂的，因爲是追尋的「過程」帶來快樂。無憾的人生，唯有自己能定義。**

喚醒自己內在原力的最簡單方法

許多上班族受制於工作與養家的壓力之下，會認為「財富自由」或「追求自由」就是自己想要的目標。然而事實上，**財富自由不是人生眞正的目標或終點，而是起點、眞正可以「做自己」的開始。**

倘若為了養家活口而把所有心力都放在做自己不喜歡的事情以換取金錢報酬，不僅對「做自己」有害——因為扭曲了自己原有的性格、耽誤了靈魂的渴望，更可能延誤了達成財富自由的時間。背離「天命」（有熱忱又有優勢）注定不會發光發熱，是低產出效率的謀生方式，而且不會有複利效果；唯有朝著天命的方向去投入時間，才會加速成功並達到財富自由。

圖9-2｜指數型複利增長曲線

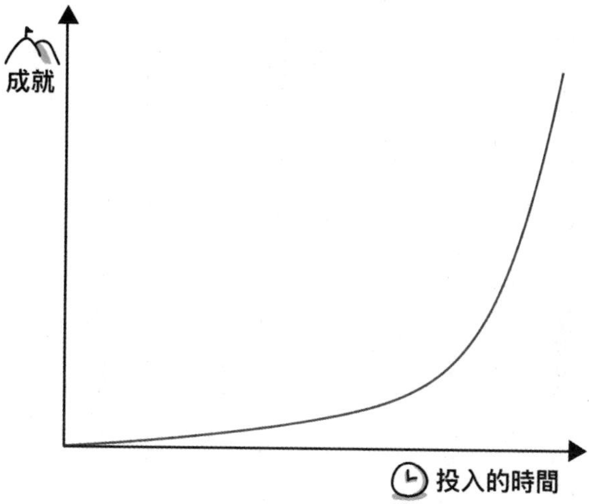

許多人以為要同時做很多事情，才能夠加速獲取財富，這是個常見的迷思。我在《斜槓的50道難題》一書的開頭便大聲疾呼：「不要為了斜槓而斜槓」、「先有單槓才有斜槓」。

同時兼很多差，是把人生的時間「分割」投資在「單利」的事務上，只能獲取低報酬、低成長的結果，困在人生既有的層次中；相反地，持續不斷精進，在做同一件事情的過程中產生不同的體會以及「量變產生質變」，是加速達到「指數型複利增長曲線」形成的關鍵。

「天命」才是可以讓我們人生不斷躍升到更高層次、發光發熱而被世人看見的關鍵，值得我們投注更多的時間和生命力在上面。

洪蘭教授在《該怎麼成就你的人生》書中提到：「花若盛開，蝴蝶自來，人若精采，天自安排，自己的人生操控在自己的手上，擇一事，做一生，惠眾生，讓這個世界因為曾經有過你而不一樣。」

在台灣，有一位台東的陳樹菊阿嬤義行令許多人欽佩。在她母親過世當年，最小的弟弟才四歲，她一肩挑起照顧家裡的重擔。自十三歲起，在台東中央市場日以繼夜賣菜。平價的青菜一把一把慢慢賣、一元一元慢慢存，將一輩子省吃儉用存下來的錢捐作公益，累計金額高達千萬，獲得二〇一〇年《富比士》雜誌亞洲慈善英雄人物榜，同年《時代》雜誌將她選為年度最具影響力時代百大人物「英雄」項目第八位。

平凡而幸福可以是一種人生的選擇，只是，我們必須理解，世界上仍有許多地方、**許多人受貧窮與疾病之苦，只要自問：「爲什麼不是我？」我們就可以即刻產生感恩之心以及慈悲之心**，並由自己選擇要不要去幫助他人。這些內在的原力是人們與生俱來，本心俱足，只是需要被喚醒而已。

當我們的原力覺醒之後，我們便會理解，這些原力無所不在，不僅存在於每一個人的內心之中，也充滿了整個宇宙。當我們開始懂得如何喚醒他人內在的原力，就會有如用自己的蠟燭點燃他人心中的蠟燭，他們的力量將與我們的力量相互加乘，整個世界都會因此變得更亮、更溫暖，而我們會因為這個過程而走向圓滿。

職場恆星人與黑洞人的自覺

在人生的旅程中，一定會見到有人起高樓，也見到有人樓塌了。品格的底蘊決定了可以維持多久的繁榮興盛，而每一個帝國的消亡，都是從核心的崩毀開始。當恆星的能量用盡，核心塌陷而收縮，不再發光發熱了，原本繞著它旋轉的行星們是否都將因此黯淡無光？

事實上，根據天文物理學家們的測量，太陽誕生以來已經四十五億年，預計現有的能量再燃燒約五十億年之後將用盡。屆時，包含地球在內的所有太陽系內行星與衛星，將失去太陽重力的牽引而各奔東西，尋找到其他鄰近的恆星，受它們的牽引而獲得新的軌道，成為其他星系的新加入者。即便我們有機會成為他人心中的恆星人，也必須記得——我們只是過客，他人不會永遠繞著我們轉。

恆星不是永恆的，終究都會有能量耗盡的一天（而且也可能形成黑洞），但重點不在於壽命的長短，而是存在的過程，以它們的光，照亮了多少星球？以它們的熱，溫暖了多少生命獲得滋養？**無論是恆星或是我們每一個人，終點都一樣，只是在來去之間，我們選擇要活出什麼樣的自己？**並且對過程中所經歷的這一切賦予怎樣的意義？

如果在職場中奮鬥的你（妳）遇到了黑洞人又無處閃避，就用理解取代原諒吧。每一個黑洞都曾經是恆星（是我們來晚了），但說不定在他人的眼中我們才是黑洞人而不自知。

恆星和黑洞都不是永恆的，那麼靈魂呢？不同的宗教信仰賦予靈魂不同的意義，皮克斯動畫電影《可可夜總會》對靈魂的詮釋雖然僅是一種寓言，但卻饒富教育意義。電影中的設定是靈魂可以永生不滅，但前提是必須在人間仍有人記得我們；當最後一位記得我們的人也死去，我們的靈魂也就永遠消失了。**這一生你想留下什麼，可**

以讓後人記得？

我記得去年有一天，好友「核廢料J」問我：「一個人究竟能夠多成功，最主要取決於什麼？是天賦嗎？熱情嗎？努力嗎？還是機運？」

我跟他說：「是品格。**一個人終其一生，幸福與成就的高低，主要取決於他的品格。**」所謂品格包含人品和格局，涵蓋了各項人格特質、內在涵養以及價值觀，是透過長期修養內心，以及處世的經驗所累積的，稱作「底蘊」，無法速成；凡是能夠速成的都不會是決定人生最終成敗的關鍵因素。一家公司的品格也是，能否基業長青、歷久不衰的關鍵往往不是殺手級產品或技術，而是從公司創始以來的理念（使命及願景）與長期累積的文化（價值觀）。

無論是個人或公司，即使在物質界消亡了，其理念與文化將長存於人們心中，並沒有真正消失。就像《星際大戰》當中的「絕地武士」，即便肉體消失了，也會成為「絕地英靈」，持續陪伴著其他絕地武士們，走向無窮無盡的冒險旅程。

尋找你的典範，記得我們永不孤單

宇宙給我們的另一個啟發，是儘管人們對著星空去劃分出不同的「星座」，然而事實上，同一星座上那些閃閃發光的恆星們，彼此可能相距數萬光年甚至數億光年之外，比起它們與地球之間的距離更加遙遠許多；然而，對地球人來說，它們是在同一「方向」上發光發亮，所以人們就認為它們是在一起的（儘管這又是另一種「觀察者偏差」）。

無論我們從歷史的長河中找尋到了哪些值得追尋的前人當作典範，或從哪一本著作典籍中找到心之所向的指引，我們只須抱著上進之心，持續朝著正確方向前進，點燃自己的心燈，直到被眾人看見；你的名字一旦在市場上被定位出來了，那麼無論先賢們距離我們多遙遠，彼此就有如歸屬在同一星座一樣，緊緊相依。即便先賢們早已不在，他們的光依然可以穿越數千光年之外照亮著我們。

願我們都能成爲他人心中的恆星，而不是一閃即逝的流星，在夜空中，一同指引著人們前進的方向。一顆恆星，需要多少福分來累積？

南宋民族英雄文天祥（西元一二三六至一二八三年）晚年在獄中寫下長達三百字的《正氣歌》，結尾的四句為：「哲人日已遠，典型在夙昔。風檐展書讀，古道照顏色。」他並且在自己就義前的遺書中自問：「讀聖賢書，所學何事？」

我們也該自問，一生所學何事？「為天地立心，為生民立命，為往聖繼絕學，為萬世開太平。」是北宋理學家張載（西元一〇二〇至一〇七七年）名言，指引了兩百多年後的文天祥，也指引著一千年後的我們。

在這個浩瀚無垠的宇宙中，只要朝著先賢的同一方向上付出努力，我們永遠不會感到孤單。在宇宙一百三十七億多年的永恆歷史中，我們能夠活在同一個時代，並且相遇，已經是數億兆分之一的奇蹟。每每想到這裡，我心中滿懷感激！

謝謝你拿起手中這本書，並且看到這裡，**點亮一盞心燈，有燈就有人，我們永遠不會孤單**。感謝每一位在這趟旅途中陪伴我的人，一步一步慢慢走，即使我知道自己這一生當中，用盡一輩子可能也無法抵達圓滿，但只要能夠走在前往圓滿的路上，我就感到很幸福了！

心態設定

普通人常見設定	發揮內在原力的設定
先做再說（Do，Have，Be）	以終爲始（Be，Do，Have）
遇到重要抉擇容易忐忑不安，不知該如何選擇	由「自己未來想要成爲的人」來爲自己做出眼前的各種抉擇
認爲做愈多的事情愈有成就感	持續精進，把一件事情做到最好，就是一種圓滿
專注在自己的成就上，爲自己打拚	用自己的蠟燭點燃他人心中的蠟燭，整個世界都會因此變得更亮、更溫暖

行動清單

1 請寫下「自己未來想要成為的人」（或想成為具有哪些特質的人）並且告訴自己的另一半或好友，請他（她）們幫助你完成自我實現。如果被潑冷水，那麼可以寫給我，在我能力範圍之內我很樂意幫忙。

2

請寫下有什麼事，是你心中認為可以「擇一事，做一生，惠眾生」？並且告訴自己的另一半或好友，請他（她）們幫助你、給你支持和鼓勵。針對該項事情，找出相關的典範人物，以此為標竿，主動積極向對方學習。

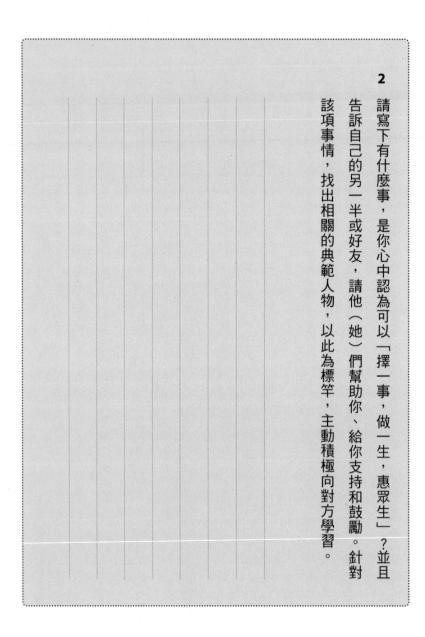

3

試著將此書送給你周遭的人，包括「疑似黑洞人」，看看後來的結果是如何？當你自己內在的原力被喚醒之後，也要試著去運用這些原力。原力愈用愈強，是可以刻意練習的。下表用來記錄你將此書送給了哪些人？後來的結果如何？（請追蹤一至三年，較能夠確認真正的結果）

日期	對象	後來的結果，以及收穫或心得

4

當下一次你遇到或見到他人的不幸時，自問：「為什麼不是我？」看看是否會即刻產生感謝之心以及慈悲之心，並由自己選擇要不要去幫助對方。

請記錄下來每一次遇到的日期、對象、你的內心反應、你的選擇和作為。

日期	**對象**	**你的內心反應**	**你的選擇和作爲**

後記

·給內向者的前言·

獻給正在閱讀此書的你，願我們都能保持心中的光，並發揮內在原力去幫助社會上需要被幫助的人，持續點亮一盞盞的心燈。

二〇二一年三月，在我撰寫此書過程的某一天晚上，收到一位讀者家羚寫給我的訊息，說她一個月前被闖紅燈的車子撞傷，造成顱內出血，傷及腦神經，並喪失了一部分短期記憶。她目前面對的是一條惶恐又漫長的復健之路，以下是訊息的一部分，徵得她同意節錄如下：

「離開加護病房轉到普通病房的時候，我很想靠自己站起來卻沒有力氣能站著，我在車禍失去意識之後醒來的幾天內沒辦法說話，但心裡想起愛大一月二十三日演講談到小時候雙手骨折的故事，當我在加護病房醒來的時候，每天規律的想與社團夥伴一起學習，時間卻被暫停了，沒有力氣能靠自己呼吸和走路，更無法集中更多的體力做事，讓這幾天的感受很無力。」

「發生車禍的那天，我沒有記憶了，但幸好我仍記住以前看過的一些書還有一月二十三日的演講。還是很想把身體養好並且把意外之前買好的書轉送給朋友們。現在身體恢復得很慢，常常無法正常運作，請問愛大，你當初骨折的時候，有什麼方法讓自己變得更有耐心練習左手寫字呢？我也想恢復自己的身體健康，讓我能試著去改變身邊親人和朋友們的閱讀習慣。」

當天我回覆給她的訊息如下：

時間是一條巨流河，我們都是河裡的一滴水，和同伴們一起順流而下。儘管我們所知的時間不會倒流，但水的流速並不是固定的，在某些奔騰的時代有如瀑布般一瀉而下；有些苦澀的年代則停滯有如一灘死水。我們每一個人在河裡前進的速度也是類似的狀態，有時妳覺得自己走慢了，同伴走快了，有時相反。時間只是一種知覺，常有錯覺，佛家說人生如夢幻泡影，意識停止的時候，時間就不存在了。

無論我們在河裡多快多慢，最後抵達了出海口，投入大海擁抱的那一刻，真的會驚嘆回頭太難！旅程的快慢根本不重要，然而，有一天我們會像雨滴再度落向大地，就像《靈魂急轉彎》這部電影所演繹。生命的循環生生不息，海是我們的家、天也是、地也是，都是，所以不用急、不用擔心。

妳不用急著把手上的書送到朋友手裡，因為早到也不一定就好，**上天的安排，就是最好的安排**。

《原子習慣》的作者詹姆斯・克利爾曾在高二的一場棒球賽中意外被球棒擊中臉，嚴重受傷，甚至被實施人工昏迷。經過好幾個月的治療，雖然痊癒出院，可以重新踏上球場，後來也進入大學棒球隊，卻只能坐在板凳席，幾乎沒有上場機會。然而，在頭部嚴重受傷之後的第六年，他被選為他所就讀大學的最佳男性運動員，並且入選ＥＳＰＮ的全美明星陣容——整個美國僅有三十三人獲得這項殊榮。這意味著，**人的身體和腦神經系統，都是可以經由持續的有效練習來改變的**。

人的意識也是，整個我們所知的世界都是「兩階段創造」的過程，例如「台北一〇一大樓」是先由設計師在腦中構想了建築藍圖，然後用紙筆或電腦畫下來，再透過運用物質世界的資源讓它被具體化建造起來。先有意識，才能影響物質，如果妳要有健康、強健的身體，就必須在意識上先要有清晰的自我增強渴望，**妳的專注力在哪裡，力量就會在哪裡**。當妳專注於讓自己身體恢復健康強壯，那麼自動會把所有可能的資源都集中在對此有幫助的方向上，無論飲食、作息、復健活動及輔助器具，一切都會整合起來，產生的效益比起意興闌珊的人花十倍時間更具威力。

我國中二年級發生意外雙手骨折初期是無法生活自理的，無法自己進食、洗澡、上廁所（人無法用腳脫自己褲子），也無法開門出去，在那個沒有看護或幫傭的年代，爸媽白天都在忙，我就自己一人在家裡出不去。學校的段考不會為我改期或「免試自動給分」，自己不希望成績落後，所以就用腳翻開學校的課本來看，用右腳練習寫字，藉以維持背單字和生詞的習慣，記得**我小學就看過「口足畫家」的作品，比許多「正常的大人」畫得還要好看**，所以我知道用腳寫字本來就是可行的。等到左手開始能握筆了，就用左手取代右腳，直到三個月後右手能夠握筆了，就用右手取代左手。**生命自己會找到出路，我們需要做的就是順應天道、借力使力。**

無神之地不下雨，無論發生任何事情，都要保持心中的光、感恩以及慈悲；這裡仍是上天眷顧的應許之地，雨水會再度降臨，持續滋養我們生命。好好集中妳的意念，在恢復健康這件事情上，人若精彩，天自安排。若妳仍感到徬徨無助，隨時可以再寫訊息給我，妳不會孤單。

愛瑞克　敬上

這是我無償的工作。四十二歲獲得財務自由之後，保留了金融圈內講師與顧問職務，轉為寫作和演講為主，同時無償提供讀者們生涯與職涯上的諮詢服務；另外，投入慈善公益相關推廣活動，為的是自我實現。

《牧羊少年奇幻之旅》書中有一句經典名言：「當你真心渴望某樣東西時，整個宇宙都會聯合起來幫助你。」我人生花了四十多年來驗證這件事情，歲月陪伴著我歷練，於是我慢慢理解，當你全心全意為一件事情而努力，等於是向全世界發射出一個意念強大的無形頻率，會讓周遭的人感受到，而**每個人心中與生俱來都有與人連結的本能，在幫助、成全他人的過程中，也獲得了更多的喜悅以及自我實現。**

內在原力，在人與人之間形成一種看不見的連結力量。**只要心態設定正確，人人都可以發揮出無窮的內在原力去連結起周遭的人，聯合起來共同完成各種事情。**

在此書即將完稿時，我再次收到家羚寫給我的訊息，這時候她已經逐漸重新學會走路，徵得她同意，節錄部分內容如下：

「復健治療的時候我不覺得痛也不覺得苦，只想好好地復健治療、好好地恢復，不讓家人太過擔心或辛苦。有時候覺得痛也沒關係，因為能活著就很好了，痛都是可以忍的，我不覺得自己很苦，老天爺對我很好，沒有讓我遺失記憶，這是最好的禮物。回診時碰到很多顱內出血的病友，讓我知道我已經很有福的能醒過來，能有意識、能有記憶、能做復健，我知道自己受傷之後沒有因為自己的狀況難過，都是被家人和朋友感動哭的，現在覺得很富足了。」

「受傷之前，我和好朋友去了健身房量過身體指標，指標很健康，我從高中喜歡運動，到大學養成運動習慣直到現在，十幾年的運動習慣維持，讓我覺得運動只有好處沒有壞處。現在，可愛的姪女看到我剃光頭之後還認得出我是姑姑，但我沒力氣抱起她，讓她哭了好幾次，我每天都是想著我要恢復健康，不只是健康，更是恢復到以前有運動習慣的體力，愛大伏地挺身的練習與我做運動的練習很相似，很喜歡愛大的分享，讓我的復健意念會更堅定。」

「今年初，原本我已經調整好心態和學習時間，當時新年度設定的學習目標，其中的閱讀目標是一年六十本書，二月底受傷之前，我閱讀了十幾本，在我培養閱讀習慣之後的閱讀速度已經變快了很多，也很開心。我現在知道，如果我的心還是願意學習的，我相信時間、空間和年齡這些數字不會造成太大的威脅，顱內出血的受傷恢復狀況讓我行動很緩慢，但每天只要能做完一些自主生活的練習，進步一點點，就很開心，也不會嫌自己的時間變慢。」

「這場車禍，讓我學到很多，沒有壞事，試著讓時間緩慢下來，看到了很多的風景跟感受到愛與快樂。現在的我睡得很多，媽媽說我黑眼圈慢慢消掉了。智者大朋友Norman跟我說：『人的一生，會有不斷的關卡跟試驗，到最終上天來判定是不是及格，及格就進下一關。』因為飲食習慣的自律，回診的時候醫生和護士還會問我皮膚怎麼這麼好。

「請不要擔心我，我覺得我只是體力變差和行動變慢，但很多人事物都讓我保持正面思考進行復健，每天能做什麼事都很開心，即使是會痛、會流血也覺得活著很好，請愛大不要太擔心我，我會好好復健治療的。」

我看完訊息，滿滿地感動，她能從零開始一步一步慢慢的走，能夠感到開心和充滿希望。她成為顱內出血後能夠甦醒並且復健進步最快的案例之一，令主治醫師驚嘆，這已是他遇過最好的狀況。

無論生活中有多少困難艱辛，願我們保有心中的光，努力為天地立心、為生民立命，發揮內在原力去幫助出現在我們生命裡的每一個人，持續點亮一盞盞的心燈，愛是永不止息。

一沙一世界，
一花一天堂。
掌中握無限，
剎那即永恆。

——William Blake《天真的預言》

願原力與你同在！

愛瑞克　敬上

二〇二一年五月

附錄一
延伸閱讀書籍總覽

前言：從零開始跨出你的第一步

1 《人生路引：我從閱讀中練就的28個基本功》楊斯棓著，先覺，出版日期2020-10-01
2 《自己的力學：找到喜歡又做得好的事》洪瀞著，圓神，出版日期2020-12-01
3 《人生有限，你要玩出無限》歐陽立中著，悅知文化，出版日期2021-01-11
4 《用書脫魯的一生閱讀術》宋怡慧著，木馬文化，出版日期2019-10-02
5 《之間：誠品創辦人吳清友的生命之旅》吳錦勳著，天下文化，出版日期2019-03-12

第一章：一人公司：像一家公司那樣經營自己

1 《暢玩一人公司》于為暢著，遠流出版社，出版日期2020-05-27

2 《個人品牌：斜槓時代成就非凡的7個自品牌經營守則》何則文著，遠流出版社，出版日期2019-11-27

3 《個人品牌獲利》李洛克著，如何出版社，出版日期2020-12-01

4 《窮查理的普通常識（增修版）：巴菲特50年智慧合夥人查理・蒙格的人生哲學》查理・蒙格著，商業周刊，出版日期2019-04-02

5 《高績效心智》莫頓・韓森著，天下文化，出版日期2018-05-31

第二章：三種工作：人生可長可久的工作組合

1 《該怎麼成就你的人生》洪蘭著，天下文化，出版日期2020-12-21

2 《你是誰，比你做什麼更重要：英國管理大師韓第寫給你的21封信》查爾斯・韓第著，天下文化，出版日期2020-07-16

3 《退休練習曲：迎接第二次黃金青春的人生提案》江育誠著，今周刊，出版日期2020-05-07

4 《你的強大，就是你的自由：5個領悟，讓你進退職場都靈活》洪雪珍著，有方文化，

出版日期2018-10-02

第三章：利他共贏：利他的比重隨著年齡遞增

1 《我所嚮往的生活文明》嚴長壽著，天下文化，出版日期2021-01-01

2 《心。人生皆為自心映照》稻盛和夫著，天下雜誌，出版日期2020-07-07

3 《與人同贏〔全球暢銷經典〕：人，是世上最值得投資的資產！領導學大師掌握職場、家庭與人際的25個共贏原則》約翰．麥斯威爾著，商業周刊，出版日期2018-03-01

4 《積善：生命的改變，始終源於心念》許峰源著，方智，出版日期2021-03-03

5 《佛陀與惡棍》維申．拉克亞尼著，時報出版，出版日期2021-02-02

第四章：成功方程式：網路新世代需多加防護罩

1 《與成功有約：高效能人士的七個習慣（30週年全新增訂版）》史蒂芬．柯維、西恩．柯維合著，天下文化，出版日期2020-10-30

2 《原則：生活和工作》瑞．達利歐著，商業周刊，出版日期2018-04-10

3 《有錢人想的和你不一樣》哈福・艾克（T. Harv Eker）著，大塊文化，出版日期2005-12-02

4 《躍遷：「羅輯思維」最受歡迎的知識大神教你在迷茫時代翻轉人生的5大生存法則》古典著，平安文化，出版日期2018-04-02

5 《青春正效應：新世代應該知道的人生微哲學——探索自我、友誼、學習、愛情、人生的50個夢想核爆點》蔡淇華，天下文化，出版日期2019-06-28

6 《活學：終生受用的人生高效能解密》金惟純著，商業周刊，出版日期2020-06-08

7 《一小時的力量：每天微改變，養大你的成功因子》艾德莉安・赫伯特著，新樂園，出版日期2021-06-30

第五章：站對地方：人際網路放大成果的效益

1 《成功竟然有公式：大數據科學揭露成功的祕訣》巴拉巴西著，天下文化，出版日期2019-10-31

2 《人性的弱點：暢銷不墜的成功學經典，向卡內基學習交心溝通術與好感度人際學》戴

爾．卡內基著，時報出版，出版日期2020-07-28

3 《這才是行銷》賽斯．高汀著，遠流，出版日期2019-05-29

4 《突破同溫層的社群人脈學：把自己當作平台，建立有效人脈網》平野敦士卡爾著，遠流，出版日期2019-06-27

5 《人脈變現：建立共好網絡，讓別人看見你，也讓機會找上你》理查．柯克、葛雷格．洛克伍德著，八旗文化，出版日期2019-11-27

6 《圈對粉，小生意也能賺大錢》許景泰著，三采，出版日期2020-07-31

第六章：無限思維：生命是長期而持續的累積

1 《生命是長期而持續的累積：彭明輝談困境與抉擇》彭明輝著，聯經出版，出版日期2012-01-30

2 《無限賽局》賽門．西奈克著，天下雜誌，出版日期2020-12-30

3 《原子習慣》詹姆斯．克利爾著，方智，出版日期2019-06-01

4 《複利效應》戴倫．哈迪著，星出版，出版日期2019-02-27

5 《心態致勝：全新成功心理學》卡蘿．杜維克著，天下文化，出版日期2019-10-09

6 《轉變之書（40週年增修版）結束，是重生的起點》威廉．布瑞奇、蘇珊．布瑞奇合著，早安財經，出版日期 2020-06-01

7 《我想看妳變老的樣子》鄧惠文著，天下文化，出版日期2021-01-27

第七章：沒有壞事：找出壞事背後隱藏的好事

1 《我修的死亡學分》李開復著，天下文化，出版日期2019-04-29

2 《捨得，捨不得：帶著金剛經旅行》蔣勳著，有鹿文化，出版日期2014-11-01

3 《走出傷痛 破繭重生：哈佛醫師心能量 啟動內在療癒力》許瑞云著，天下生活，出版日期2017-11-03

4 《穿越撒哈拉：流浪，走向風沙未竟之地》謝哲青著，皇冠，出版日期2019-12-09

5 《天上總會有雲，但你才是天空》劉軒著，三采，出版日期2021-02-26

第八章：包容力：開啟無限力量的萬用鑰匙

1 《唐鳳：我所看待的自由與未來》丘美珍、鄭仲嵐著，親子天下，出版日期 2020-11-04

2 《安靜是種超能力》張瀞仁著，方舟文化，出版日期2018-08-01

3 《那些生命中的微光：關於愛與勇氣的十個精采人生》陳雅琳著，天下文化，出版日期2021-01-21

4 《天長地久：給美君的信》龍應台著，天下雜誌，出版日期2018-04-23

第九章：常保初心：你是誰比你做什麼更重要

1 《記得你是誰：哈佛的最後一堂課（暢銷15萬冊紀念版）》戴西・魏德蔓著，天下雜誌，出版日期2020-07-30

2 《你要如何衡量你的人生？：哈佛商學院最重要的一堂課》克雷頓・克里斯汀生、詹姆斯・歐沃斯、凱倫・狄倫合著，天下文化，出版日期2018-02-22

3 《時間教會我們的事：給年輕的你，我們用30年歲月驗證的人生》丘美珍、王文娟、錢慧君合編，悅知文化，出版日期2016-05-20

4 《量子天命》李欣頻著，平安文化，出版日期2021-03-22

附錄二

推薦國內外文學名著

1 《先知》卡里．紀伯倫著，野人文化，出版日期2020-03-04

2 《牧羊少年奇幻之旅》保羅．科爾賀著，時報出版，出版日期2004-08-28

3 《百年孤寂》加布列．賈西亞．馬奎斯著，皇冠，出版日期2018-02-05

4 《人性枷鎖》威廉．薩默塞特．毛姆著，麥田，出版日期2017-12-09

5 《過於喧囂的孤獨》赫拉巴爾著，大塊文化，出版日期2016-10-24

6 《一九八四》喬治．歐威爾著，遠流，出版日期2012-09-01

7 《傾城之戀【張愛玲百歲誕辰紀念版】：短篇小說集一》張愛玲著，皇冠，出版日期2020-02-17

8 《雲淡風輕：談東方美學》蔣勳著，有鹿文化，出版日期2018-10-05

9 《晚安，我的生命》陳文茜著，時報文化，出版日期2023-03-17

10 《以我之名：寫給獨一無二的自己》張曼娟著，天下文化，出版日期2020-03-31

11 《長日將盡》石黑一雄著，新雨，出版日期2015-04-15

12 《心：夏目漱石探究人性代表作》夏目漱石著，大牌出版，出版日期2021-01-13

附錄三

各章「金句」總覽

前言：從零開始跨出你的第一步

1 謝清佳教授：「上流社會存在人們心中。心靈上的富有，才是真正的上流。拾荒者、清道夫，他們的內心可能比很多有錢人更上流。」

2 轉念只是一瞬間的事情，而「境隨心轉」是真的，轉個念頭人生就不一樣！

3 一個人的格局，大大決定了最後的結局。

4 翁景民教授：「期許十年、二十年以後，自己的一顰一笑能夠撼動全亞洲！」

5 人和人之間有一種連結力，伸出援手的並不是宇宙或上帝，而是透過許多人共同來出力，關鍵在於發揮「內在原力」去促成行動。

6 「內在原力」是指一種影響力，透過有形（例如文字或肢體溝通）或無形（同理心或慈悲心）的方式來引發他人動機，進而幫助我們一同完成某些事情。

7 惻隱之心、慈悲心和同理心是真真實實存在每一個人的靈魂之中。

8 每一個人在潛意識中都有與人連結的需求、對歸屬感的渴望，但必須透過喚醒的方式，才能夠從潛意識層拉升至意識層，進而採取行動。

9 人們的心態決定了選擇，選擇決定了行為，行為成為習慣，習慣則形塑成了每個人的一生所呈現的樣子。

10 人們一生的路徑，就是由大大小小的選擇所構成，我們的決策品質，決定了人生品質。

第一章：一人公司：像一家公司那樣經營自己

1 缺乏善良品格的人在無形中讓高素質的人逐漸遠離自己，最後失去翻身的機會。

2 讀書，記得住的變成知識，記不住的變成氣質。要能夠讓貴人賞識，必須自己平時多累積好的素養和底蘊。

3 全然為自己人生負責的意念愈強，也就愈能夠吸引他人將他們的資源放在我們身上為我們所用——意念，就是內在原力散發的關鍵。

4 遇到任何不愉快的事情，高成就人士一律只做以下兩種選擇其中一種：接受它，或改變它，絕對不會浪費時間在抱怨。

5 時間是比金錢更寶貴的資產，而專注力又比時間更寶貴。專注在哪裡，力量就在那裡。

6 查理・蒙格：「要得到你想要的東西，最可靠的方法，是讓自己配得上擁有它。」

7 父母給孩子最好的禮物，首先是良善的品格，其次是良好的學習環境。

8 所有出現在我們人生當中的人事物都有意義，關鍵在於是否有足夠的智慧找出意義（或賦予它意義）。

9 閱讀是靈魂的混血。

10 透過閱讀，與他們的靈魂對話，讓我們思維與靈魂的頻率更接近這些人，就是改變自身內在品質、提升內在原力的捷徑。

11 未來的職涯發展（或專長領域），都有可能是跨學科的混合，而誕生出新型態的應用、作品、服務或思維。

12 經營人生最有效的方法，是從自己的熱情出發，因為那是內在原力的核心。

13 歷史的磨盤轉動很慢，把這世界的分工磨得很細，細到我們絕對可以找到屬於自己的一個位子，在那裡安身立命。

14 這個世界太大，大到絕對可以容得下任何人的成就，不用擠，不用搶。

第二章：三種工作：人生可長可久的工作組合

1 負面情緒無論是潛藏內心或公開抒發出來，都會使內在原力萎縮、退化，這是許多上班族的通病。

2 金錢與自我實現常常是同床異夢，必須結合以上三種工作所構成的「工作組合」，才能夠在金錢、樂趣、自我實現三方面之間取得適當平衡。

3 不影響正職工作，無償的工作可以灌溉每個人的天賦從沙漠變綠洲。

4 無償的工作更重要的是可以滋養靈魂。

5 並不需要把財富自由想得太困難，若能舒緩這個無形的財務壓力，心理上便有餘裕可以提早開始做無償工作或自我實現的工作。

6 丹尼爾．高曼：「在CEO周圍，形成了一個巨大的訊息真空，他不知道組織內的真實情況或外界環境的真實挑戰，也不知道組織內其他人對自己的真實看法。」

7 要避免讓既有的成就阻礙了自己將來發展，最好的解決之道就是公開分享。

8 公開分享是典型「無償的工作」，但卻因此提升自己和周遭人的能力、放大影響力，是內在原力發揮效益的捷徑。

9 許多人誤把工作上的成就當成人生使命，而把自己局限在既有成果所蓋起來的城堡中，遺忘了我們曾經有過的許多興趣、嗜好、夢想，以及真正的使命。

第三章：利他共贏：利他的比重隨著年齡遞增

1 真正的利他，不能純粹是為了當下討好別人，而是要站在更高遠的角度來衡量。

2 無論發生任何事情，事情本身並不重要，而是我們如何去解讀與回應。

3 實力是從幫助解決他人問題之中而累積——這就是「利他共贏」。

4 稻盛和夫：「當企業家擁有『利他共贏』之心，一定會吸引很多優秀的人才加入，成為內外的助力。」

5 聰明的人會聯手把餅做大、每個人都分到比原來更大的餅。

6 具有「利他之心」的人將釋放出一種獨具吸引力的訊號，吸引較多的人願意接近、與其共事。

7 努力比學歷重要、慈善公益要從年輕做起。

8 人生觀不同了，看見的世界也就不同，人生的境遇和發展也因此而改變。

9 當主講者的某些意念觸動了我們心靈，所產生的巨大震撼有可能改變了我們的心靈設定（mindset），進而走出一條截然不同的人生路徑。

10 並不是因為他們賺夠錢了所以開始利他，而是他們都是從很年輕就高度展現利他作風，因此獲得極致成就。

11 公開的演講、擔任講師或教職、公開發表文章或著作，以及擔任具有影響力的職務來幫助眾人，都是發揮內在原力、累積成就最快的方法。

12 雲谷禪師：「做一次幫助一萬人的事情，功德與福德相當於幫助一個人的事情做一萬次。」

13 利他的比重是否愈高愈好？這倒不一定，因為每個人在自己人生的不同階段都有該承擔的責任。

第四章：成功方程式：網路新世代需多加防護罩

1 「天命」可以說是「天生的使命」，也就是最有效使用自己生命的方式。成功者通常是找到自己「天命」的人，也就是「熱忱」與「能力」交集所在。

2 洪瀞教授：「天才是放對地方的普通人，普通人是放錯地方的天才。」

3 同樣的家世背景，卻走向了兩種截然不同的人生路徑，而「思考方式」就是關鍵所在。

4 就算有許多年輕時的夢想無法在早期實現，但都會在人生的不同階段留下線索，讓自己在未來的某一天，因緣際會透過這些線索打開自己天命之門，鑰匙往往不會在年輕時出現，所以不用急、慢慢找，幾乎每個人都會找到。

5 「超越自己比戰勝別人更重要。」是一種典型的卓越者思考方式，屬於「成長型心態」，認為生命是長期持續地累積過程，不會因為一次的失敗就減損自己價值。

6 我希望自己像是一個好的天使，盡我所能做出最好的事情。

7 往往人世間的苦難發生時，是考驗人們思考方式，決定自己成為怎樣的一個人的關鍵時刻。

8 每一條規定的界線，都有對應的解釋空間，考驗一個人能力的極限。

9 每一個人來到這個世間，都不是為了符合規定而生。

10 將他人的困境當作自己的修行。

11 同理心、慈悲心，都是愛的具體表現，也是最強大的內在原力。

12 「成功者的防護罩」——能夠篩選、過濾掉不屬於自己應追尋的事物，而將心神專注於天命裡的既定目標。

第五章：站對地方：人際網路放大成果的效益

1 開路靠前人，引路靠貴人，走路靠個人。

2 人生最高效能的運作方式，是讓自己成為人際網路的節點，讓自己的努力（作品或服務）被放大到數萬倍的人看到並且使用。

3 每天站在比原來的位置更往前一點點。

4 深知「鐵粉」的可貴，就像選舉時的「樁腳」，每一次發表新作品，就像選戰，他們要選票（消費者用鈔票來投票）就需要樁腳，他們很需要你這一票！

5 若擁有強烈的上進心，周遭的人一定都感覺得到，這是隱藏不住、騙不了人的——因為這是人類與生俱來的本能，而上進心也是內在原力發揮的另一重要關鍵。

6 唐鳳：「在網路社群中，被大家認可的領袖，不一定是最聰明那位，而是對社群的內容貢獻最多的那一位。」

7 你所耗費的每一點專注力，都用來提升自己，最後就會無敵。人們無法追上一匹馬，但可以把草皮養好，馬會自己過來。

8 現在的世界，就是一個「拉」的世界，不能用「推」的。

9 真正能夠養出鐵粉的地方是在社群。

10 私密性較高的封閉性社團才是能暢所欲言的地方，也因此能夠激起高頻互動。

11 網路資訊無遠弗屆，多一個朋友就少一個敵人。

12 舉辦實體聚會是凝聚向心力最好方式，也容易使一般粉絲因為實體的接觸之後而成為鐵粉。

13 當你真心想做一件事情的時候，有多少人願意站出來一起幫助你實現？這才是有效人脈。

14 「天助自助者」的法則是內在原力之所以能夠吸引他人來幫助我們的主因。

15 若不幸和「黑洞同事」處在同一場域，最好的方法就是與該空間中「更大質量恆星」保持良好的互動關係。

16 這個世界還是由善良的人所主導的世界，你不用怕沒人可以依靠。

17 上天給人們無窮的機會，卻是有限的時間，這代表要人們學會取捨。

18 影響力會擴散，進而引發將來社會中更多的善行。

19 善用我們的相對優勢，把資源投入在較大影響力而且占用個人成本相對低的地方。

20 能夠療癒自己者才能療癒他人。

第六章：無限思維：生命是長期而持續的累積

1 生命本是一個持續不斷累積的過程，也是一個不可能持續順遂的歷程，可是絕大多數人都忘卻，或者輕忽這一點。

2 當我們檢視世界上所有超凡卓越者的成長歷程，再再的發現：沒有奇蹟，只有累積。

3 有人為我做了相同的事情，而且十倍奉還。上天的安排，都是最好的安排，讓我們所付出的都以不同形式回到我們自己身上，人們往往要事後回顧時才能明白。

4 一個人在人脈網路中的地位不是取決於階級，而是能夠幫助多少人、發揮多少正面的影響力。

5 以希望自己被如何對待的方式來對待他人。

6 在你致力於實現真平等時，你會因而成為人上人。

7 在迎來送往之間，幫忙渡了許多人，然而，最終回顧時才發現，是渡了自己。

8 待人要更好，因為那是渡自己的正道。

9 程淑芬：「用自己的蠟燭點亮別人的蠟燭，可以照亮別人，自己的亮度也不會減少。」

10 地球並不需要靠太陽很近，但只要持續面對太陽，就可以獲得無窮的能量。

11 當我們永遠記得用他（她）們家人的角度，來對待工作現場的每一位同事，如此，周遭都是家人，沒有敵人。

12 往往被我們視為「競爭對手」的同儕，才是人生當中最重要的貴人。每個人都需要「可敬的對手」，不要誤把貴人當敵人。

13 當下的旅程是短暫的，但是靈魂的印記卻是無限而永恆的。

14 「有限的思維」，人生只會留下足跡，但靈魂的高度卻不會累積。

15 人會來，就會離開，但作品會被留下來。

16 家庭主婦們的付出，難以用金錢量化，然而子女的成就、家庭的幸福美滿，遠大過了金錢價值，這就是最好的作品。

17 我們永遠不會預先知道，將來哪一天、哪一項作品會被人們喜愛，成為我們的代表作。

18 成功的經驗、失敗的經驗，都是人生經驗，讓我們老的時候可以拿來跟子孫們訴說的經驗，勝過無話可說。

19 從人生的終點來看，「過錯」總比「錯過」好。

20 瑞．達利歐：「成功固然比失敗好，但失敗卻比平庸來得好，因為失敗的經驗至少會為生活帶來新滋味。」

第七章：沒有壞事：找出壞事背後隱藏的好事

1 世界變得愈來愈好，這是真確；認為沒有壞事，則是信念，這樣的信念幫助許多人在通往成就的道路上減少很多阻力，並獲得強大助力。

2 四根琴弦就算斷了兩根，厲害的音樂家還是可以繼續演奏。

3 上天的安排一定有用意，並且留下了線索讓我們去找到乍看是壞事之下的好事。

4 意念改變了，行為就會改變，習慣改變了，身體必定會改變。

5 整個世界都是兩階段創造的過程：先有意念，然後具體化實現。

6 當你感恩的意念愈強大，所能動用的人力、物力資源也就更可觀。

7 巴布·狄倫：「有些人能感受雨，而其他人只是被淋溼了而已。」

8 把面對這些情緒的經驗，想成是累積能力而成為更強大自己的機會。

9 每一個靈魂都是從天上來到這世界的，誰要犧牲當壞人？

10 一個修為等級高的人，眼中看出去，人人都是貴人。

11 識字不是重點，生命的體悟才是打開智慧之門的鑰匙。

12 先有挫折，才有獲得。

13 每個人都可以選擇如何回應，以自己賦予的意義來體驗這個繽紛世界。

14 人生閱歷轉化成一把鑰匙，開啟一直都在的天命之門，也開始累積真正「做自己」的足跡。

15 一旦突破時間的自我設限，我們便可以專注在人生更重要的事情上，而不受無明所苦。

16 當我們將任何問題放到「超大尺度的靈魂之旅時間軸」上（例如一千年），絕大多數的問題都變得微不足道了。

17 當我們體認到，生死才是較大的問題，其他都是次要的。

第八章：包容力：開啟無限力量的萬用鑰匙

1 每一個純真無邪靈魂裡的「原廠設定」並非「有限思維」和「二分法」，而是「無限思維」。

2 常保初心往往能發揮出強大的內在原力，影響許多人。

3 分裂只是一瞬間，然而我們要聚在一起卻花了一百三十七億多年。

4 一旦我們擁有了包容力，內在原力影響所及的人將會更多、更完整！

5 唐鳳：「與眾不同是常態，與眾相同是錯覺。」

6 當人們習慣選邊站的時候，只站特定一邊的人其世界就不完整，人生就不可能達到一百分的滿分。內在原力就像萬有引力，可以穿透整個宇宙，但前提是我們不能分割人群、畫地自限。

7 當你開始為他人「增幅」或「增福」，便是幫助了這個宇宙實現它的目的，宇宙一定會幫你，這就是自然法則，也是天道的祕密。

8 上帝在無限多層的「可能性」之間，開闢了一層「人間」給我們當作樂園。

9 許多人口中的「沒機會」其實處處是機會，只是沒有開啟它們的能力，若能夠善用感恩心這個原力，就能夠獲得他人強大的助力。

10 唯有鑽石能夠琢磨鑽石。

11 我們不需要抱怨遇到黑洞人，因為他（她）都可能曾經照亮過前人，是我們自己來晚了。

12 莫把貴人當成敵人，讓我們自己成了忘恩負義的人。

13 無論他人做了什麼事情，我們都有選擇如何做回應的權利。

14 既然沒能力記恩，就沒資格記恨；若沒能力愛，就沒資格恨。

15 每一個靈魂並不屬於父母，只是透過父母的愛而降臨在這個世界。

16 父母面對的考題也提早讓我們預習，將來有一天我們也終將要遇到相同難題。

17 密勒日巴尊者：「原諒那些傷害你的人，他們冒著下地獄的危險來成就你。所以要諒解，並用慈悲心去祝福他們。因為即便過錯是別人的，業障一定是自己的！」

第九章：常保初心：你是誰比你做什麼更重要

1 驚覺生命有多麼脆弱，往往只是一念之間，而有了生死之別。

2 任何事情的發生必有其原因，考驗我們有沒有足夠的智慧去理解或體會些什麼。

3 人們本心都對成長與蛻變帶有一種憧憬與喜悅，稱為自我實現的需求，不是為了成佛、成仙，本心俱足，無需外求。這個本心，就蘊含了同理心、慈悲心、上進心、感謝心的內在原力，等著被喚醒。

4 我們每一個人都可以選擇，成為更好的一個人；我們也都可以選擇，要帶著怎樣的一顆心來面對生活周遭的一切人事物。

5 每個人有不同天命，無論生活的方式或所作所為，在他人或自己眼中有多麼平凡、卑微，都具有其意義。

6 佚名：「無論你遇見誰，他都是你生命該出現的人，絕非偶然，他一定會教會你一些什麼。」

7 李國修教授：「人一輩子能做好一件事就功德圓滿了。」

8 在追尋天命的路上，無論結果如何也都將是快樂的，因為是追尋的「過程」帶來快樂。無憾的人生，唯有自己能定義。

9 財富自由不是人生真正的目標或終點，而是起點、真正可以「做自己」的開始。

10 許多人受貧窮與疾病之苦，只要自問：「為什麼不是我？」我們就可以即刻產生感恩之心以及慈悲之心。

11 當我們的原力覺醒之後，我們便會理解，這些原力無所不在，不僅存在於每一個人的內心之中，也充滿了整個宇宙。

12 在人生的旅程中，一定會見到有人起高樓，也見到有人樓塌了。品格的底蘊決定了可以維持多久的繁榮興盛，而每一個帝國的消亡，都是從核心的崩毀開始。

13 無論是恆星或是我們每一個人，終點都一樣，只是在來去之間，我們選擇要活出什麼樣的自己？

14 這一生你想留下什麼，可以讓後人記得？

15 一個人終其一生，幸福與成就的高低，主要取決於他的品格。

16 願我們都能成為他人心中的恆星，而不是一閃即逝的流星，在夜空中，一同指引著人們前進的方向。

17 點亮一盞心燈，有燈就有人，我們永遠不會孤單。

後記：回歸初心

1 時間只是一種知覺，常有錯覺，佛家說人生如夢幻泡影，意識停止的時候時間就不存在了。

2 上天的安排，就是最好的安排。

3 人的身體和腦神經系統，都是可以經由持續的有效練習來改變的。

4 妳的專注力在哪裡，力量就會在哪裡。

5 我小學就看過「口足畫家」的作品，比許多「正常的大人」畫得還要好看，所以我知道用腳寫字本來就是可行的。

6 生命自己會找到出路，我們需要做的就是順應天道、借力使力。

7 無神之地不下雨，無論發生任何事情，都要保持心中的光、感恩以及慈悲，這裡仍是上天眷顧的應許之地，雨水會再度降臨，持續滋養我們生命。

8 每個人心中與生俱來都有與人連結的本能，在幫助、成全他人的過程中，也獲得了更多的喜悅以及自我實現。

9 只要心態設定正確，人人都可以發揮出無窮的內在原力去連結起周遭的人，聯合起來共同完成各種事情。

Top
013

內在原力：
9 個設定，活出最好的人生版本
Inner Force: The Key to Infinite Success

作　　者　愛瑞克

責任編輯　魏珮丞
總 編 輯　魏珮丞
封面設計　萬勝安
排　　版　JAYSTUDIO
插　　畫　陳沛孺

出　　版　新樂園出版／遠足文化事業股份有限公司
發　　行　遠足文化事業股份有限公司（讀書共和國出版集團）
地　　址　231 新北市新店區民權路 108-2 號 9 樓
郵撥帳號　19504465 遠足文化事業股份有限公司
電　　話　（02）2218-1417
傳　　真　（02）2218-8057
信　　箱　nutopia@bookrep.com.tw
法律顧問　華洋法律事務所　蘇文生律師
印　　製　呈靖彩藝股份有限公司
出版日期　2021 年 07 月初版 1 刷
　　　　　2024 年 06 月初版 34 刷
定　　價　380 元
I S B N　978-986-06563-3-6
書　　號　1XTP0013

特別聲明：
有關本書中的言論內容，不代表本公司 / 出版集團之立場與意見，文責由作者自行承擔。

有著作權／ 侵害必究
本書如有缺頁、裝訂錯誤，請寄回更換

國家圖書館出版品預行編目 (CIP) 資料

內在原力：9 個設定，活出最好的人生版本 = Inner force : the key to achieve infinite success / 愛瑞克　著 . -- 初版 . -- 新北市：新樂園出版，遠足文化事業股份有限公司出版，2021.08
288 面；14.8 × 21 公分 —— (Top ; 13)
ISBN 978-986-06563-3-6(（平裝）
1. 自我實現 2. 成功法

177.2　　110011351

新樂園
Nutopia

・新樂園粉絲專頁・